河南省高等院校公共数学统编教材

JINGJI SHUXUE JICHU
经济数学基础
（下册）

主　编　张秀英　周素静
副主编　廖淑华　张　媛

河南大学出版社
HENAN UNIVERSITY PRESS
·郑州·

图书在版编目(CIP)数据

经济数学基础.下册/张秀英,周素静主编.—郑州:河南大学出版社,2015.10(2019.3重印)
ISBN 978-7-5649-2207-8

Ⅰ.①经⋯　Ⅱ.①张⋯　②周⋯　Ⅲ.①经济数学—高等学校—教材　Ⅳ.①F224.0

中国版本图书馆 CIP 数据核字(2015)第 261591 号

责任编辑　张雪彩
责任校对　李　蕾
装帧设计　郭　灿

出版发行　河南大学出版社
　　　　　地址:郑州市郑东新区商务外环中华大厦 2401 号　　邮编:450046
　　　　　电话:0371-86059701(营销部)　　网址:www.hupress.com
排　　版　河南金河印务有限公司
印　　刷　北京虎彩文化传播有限公司
版　　次　2016 年 1 月第 1 版
印　　次　2019 年 3 月第 5 次印刷
开　　本　787mm×1092mm　1/16
印　　张　9.75
字　　数　231 千字
定　　价　25.00 元

(本书如有印装质量问题,请与河南大学出版社营销部联系调换)

前　言

本书依照教育部制定的高职高专数学教学基本要求而编写.本书共两册,下册的主要内容包括线性代数初步、数据处理、随机事件及其概率、随机变量及其数字特征、统计分析初步、Matlab 软件使用简介共 6 章.

为适应高职高专数学教学改革的要求,全面推进素质教育,培养创新人才,顺应高职高专教育的发展趋势,我们组织了多年从事一线教学的老师,经过深入探讨并征求经济学相关专家的意见和建议,为高职高专经济管理类专业学生量身定制了这本教材.

在编写的过程中,我们一方面注重经济体系完整、框架结构合理、内容编选丰富,教与学结合、学与用呼应,另一方面以掌握概念、强化应用、培养技能为重点,深入浅出,以满足学生的学习需求.

本教材在编写中突出了以下特色:

(1)对以应用为主的经济管理类专业的高职高专学生来讲,学习经济数学的主要目的是将数学用于解决各自专业领域内的相关问题.基于这一点,适当地弱化了高等数学的学科性和理论严密性,并结合背景叙述有关概念和主要结论.

(2)侧重于基本方法的掌握和概念的解释,概念的把握和基本方法的正确运用是解决实体问题的关键,例题与习题的设置也突出这一特点.

(3)用实例或几何解释引出数学概念,并用通俗简洁的语言,深入浅出地阐述概念的内涵和实质,着力表现解决问题的基本步骤和思想方法.

(4)贯穿了以数学思想为核心、以经济应用为主线的理念,体现了数学教学的应用性、知识案例的一体化,使"教、学、用"合为一体.

(5)重视基本计算.例题、习题难易程度层次分明,便于学生学习和教师讲授.每章后配有复习题,书末附有答案,便于学生进行巩固练习.

本书由张秀英、周素静策划和组织实施.本册编者的具体分工如下:第 1 章,张媛、郭文秀(§1.1);第 2 章,郭文秀;第 3 章,廖淑华;第 4 章,张秀英;第 5 章,周素静;第 6 章,余敏.

在编写此书的过程中,许多同行和专家提出了很多宝贵意见和建议,付出了极为辛勤的劳动,我们谨于此致以谢意.

受我们的水平所限,书中难免会有缺点和错误,真诚欢迎读者批评指正.

编　者

2015 年 11 月

目　录

第 1 章　线性代数初步 ……………………………………………… (1)
　§1.1　行列式 …………………………………………………… (1)
　　习题 1-1 ……………………………………………………… (7)
　§1.2　矩阵的概念和运算 ……………………………………… (8)
　　习题 1-2 ……………………………………………………… (15)
　§1.3　矩阵的初等行变换和秩 ………………………………… (17)
　　习题 1-3 ……………………………………………………… (19)
　§1.4　逆矩阵 …………………………………………………… (19)
　　习题 1-4 ……………………………………………………… (21)
　§1.5　解线性方程组 …………………………………………… (22)
　　习题 1-5 ……………………………………………………… (27)
　复习题 1 ………………………………………………………… (28)

第 2 章　数据处理 …………………………………………………… (30)
　§2.1　数据的主要特征描述 …………………………………… (30)
　　习题 2-1 ……………………………………………………… (34)
　§2.2　频数直方图和频率直方图 ……………………………… (35)
　　习题 2-2 ……………………………………………………… (39)
　复习题 2 ………………………………………………………… (40)

第 3 章　随机事件及其概率 ………………………………………… (42)
　§3.1　随机事件 ………………………………………………… (42)
　　习题 3-1 ……………………………………………………… (45)
　§3.2　随机事件的概率 ………………………………………… (46)
　　习题 3-2 ……………………………………………………… (50)
　§3.3　条件概率与概率的乘法公式 …………………………… (51)
　　习题 3-3 ……………………………………………………… (55)
　复习题 3 ………………………………………………………… (56)

第 4 章　随机变量及其数字特征 …………………………………… (59)
　§4.1　离散型随机变量 ………………………………………… (59)
　　习题 4-1 ……………………………………………………… (63)
　§4.2　连续型随机变量 ………………………………………… (64)
　　习题 4-2 ……………………………………………………… (73)

§4.3 随机变量的数字特征 …………………………………………… (74)
　　习题 4-3 ……………………………………………………… (80)
　复习题 4 ………………………………………………………… (80)
第 5 章　统计分析初步 ……………………………………………… (84)
　§5.1 常用统计量和分布 …………………………………………… (84)
　　习题 5-1 ……………………………………………………… (90)
　§5.2 参数估计 …………………………………………………… (91)
　　习题 5-2 ……………………………………………………… (98)
　*§5.3 一元线性回归分析 …………………………………………… (99)
　　习题 5-3 ……………………………………………………… (105)
　复习题 5 ………………………………………………………… (106)
第 6 章　Matlab 软件使用简介 ……………………………………… (108)
　§6.1 利用 Matlab 进行矩阵的相关运算和解线性方程组 …………… (108)
　　习题 6-1 ……………………………………………………… (112)
　§6.2 概率论中的基本运算在 Matlab 中的实现 ……………………… (112)
　　习题 6-2 ……………………………………………………… (121)
　§6.3 利用 Matlab 进行统计分析 …………………………………… (121)
　　习题 6-3 ……………………………………………………… (127)
附表 …………………………………………………………………… (128)
习题答案与提示 ……………………………………………………… (135)
参考文献 ……………………………………………………………… (148)

第1章 线性代数初步

在生产经营管理活动和科学技术中,许多问题都可以直接或近似地表示成一些变量之间的线性关系,而线性方程组是表示变量间线性关系的一种重要工具.于是,解线性方程组就成为线性代数研究的第一个问题,并且线性方程组理论的发展又促成了作为工具的行列式和矩阵理论的创立和发展.随着科学技术的发展,矩阵和行列式已不再仅仅用于解线性方程组,而是广泛应用于经济管理以及科学研究.例如,工厂的投入与产出问题、坐标轴的旋转问题、破解电路理论和分子结构问题等.

本章将简要介绍行列式的概念和性质、矩阵的概念和运算、矩阵的秩、逆矩阵以及用矩阵解线性方程组等线性代数的基本知识和运算.

§1.1 行 列 式

行列式是解线性方程组和研究矩阵的重要工具,本节将简要介绍行列式的概念、性质等基本知识.

一、二阶行列式

在初中代数中,用消元法求解二元一次方程组

$$\begin{cases} a_{11}x_1 + a_{12}x_2 = b_1, \\ a_{21}x_1 + a_{22}x_2 = b_2, \end{cases} \tag{1-1}$$

可得

$$\begin{cases} (a_{11}a_{22} - a_{12}a_{21})x_1 = b_1 a_{22} - b_2 a_{12}, \\ (a_{11}a_{22} - a_{12}a_{21})x_2 = b_2 a_{11} - b_1 a_{21}. \end{cases}$$

如果 $a_{11}a_{22} - a_{12}a_{21} \neq 0$,那么方程组的解为

$$\begin{cases} x_1 = \dfrac{b_1 a_{22} - b_2 a_{12}}{a_{11}a_{22} - a_{12}a_{21}}, \\ x_2 = \dfrac{b_2 a_{11} - b_1 a_{21}}{a_{11}a_{22} - a_{12}a_{21}}. \end{cases} \tag{1-2}$$

为了便于表示上述结果,下面给出二阶行列式的定义.

定义 1.1 由 2^2 个数 $a_{ij}(i,j=1,2)$ 组成的记号

$$\begin{vmatrix} a_{11} & a_{12} \\ a_{21} & a_{22} \end{vmatrix}$$

称为**二阶行列式**,其中横排称为行,竖排称为列,$a_{ij}(i,j=1,2)$ 称为第 i 行第 j 列的元素,并且规定:

$$\begin{vmatrix} a_{11} & a_{12} \\ a_{21} & a_{22} \end{vmatrix} = a_{11}a_{22} - a_{21}a_{12}. \tag{1-3}$$

式(1-3)右端的式子 $a_{11}a_{22} - a_{21}a_{12}$ 称为二阶行列式的**展开式**.

例如,$\begin{vmatrix} 4 & 5 \\ 2 & 3 \end{vmatrix} = 4 \times 3 - 2 \times 5 = 2$,

$$\begin{vmatrix} \sin x & \cos x \\ -\cos x & \sin x \end{vmatrix} = \sin^2 x - (-\cos x) \cdot \cos x = \sin^2 x + \cos^2 x = 1.$$

利用二阶行列式的概念,把方程组(1-1)中未知量 x_1, x_2 的系数用二阶行列式表示为

$$D = \begin{vmatrix} a_{11} & a_{12} \\ a_{21} & a_{22} \end{vmatrix} = a_{11}a_{22} - a_{21}a_{12};$$

式(1-2)中等式右端的分子可以分别记为

$$D_1 = \begin{vmatrix} b_1 & a_{12} \\ b_2 & a_{22} \end{vmatrix}, \quad D_2 = \begin{vmatrix} a_{11} & b_1 \\ a_{21} & b_2 \end{vmatrix}.$$

因此,当方程组(1-1)的系数行列式 $D \neq 0$ 时,它的解就可以简洁地表示为

$$x_1 = \frac{D_1}{D}, \quad x_2 = \frac{D_2}{D}. \tag{1-4}$$

例1 解线性方程组 $\begin{cases} 2x_1 + x_2 = 5, \\ x_1 - 3x_2 = -1. \end{cases}$

解 因为系数行列式

$$D = \begin{vmatrix} 2 & 1 \\ 1 & -3 \end{vmatrix} = 2 \times (-3) - 1 \times 1 = -7 \neq 0,$$

所以方程组有解,且

$$D_1 = \begin{vmatrix} 5 & 1 \\ -1 & -3 \end{vmatrix} = -14, \quad D_2 = \begin{vmatrix} 2 & 5 \\ 1 & -1 \end{vmatrix} = -7.$$

由式(1-4)知,方程组的解为

$$x_1 = \frac{D_1}{D} = \frac{-14}{-7} = 2, \quad x_2 = \frac{D_2}{D} = \frac{-7}{-7} = 1.$$

二、n 阶行列式

定义 1.2 由 n^2 个数 $a_{ij}(i,j=1,2,\cdots,n)$ 组成的记号

$$\begin{vmatrix} a_{11} & a_{12} & \cdots & a_{1n} \\ a_{21} & a_{22} & \cdots & a_{2n} \\ \vdots & \vdots & & \vdots \\ a_{n1} & a_{n2} & \cdots & a_{nn} \end{vmatrix}$$

称为 n **阶行列式**,简称**行列式**.

当 $n=1$ 时,规定 $|a_{11}|=a_{11}$;

当 $n=2$ 时,$\begin{vmatrix} a_{11} & a_{12} \\ a_{21} & a_{22} \end{vmatrix}=a_{11}a_{22}-a_{21}a_{12}$;

当 $n\geqslant 3$ 时,在 n 阶行列式中,我们把划去元素 a_{ij} 所在的行和列后,剩余的元素按原来的次序所组成的行列式称为 a_{ij} 的**余子式**,记为 M_{ij},$(-1)^{i+j}M_{ij}$ 称为 a_{ij} 的**代数余子式**,记为 A_{ij},即 $A_{ij}=(-1)^{i+j}M_{ij}$.

例如,在三阶行列式 $\begin{vmatrix} a_{11} & a_{12} & a_{13} \\ a_{21} & a_{22} & a_{23} \\ a_{31} & a_{32} & a_{33} \end{vmatrix}$ 中,元素 a_{12} 的余子式为 $M_{12}=\begin{vmatrix} a_{21} & a_{23} \\ a_{31} & a_{33} \end{vmatrix}$,代数余子式为 $A_{12}=(-1)^{1+2}\begin{vmatrix} a_{21} & a_{23} \\ a_{31} & a_{33} \end{vmatrix}=-\begin{vmatrix} a_{21} & a_{23} \\ a_{31} & a_{33} \end{vmatrix}$.

定义 1.3 规定

$$\begin{vmatrix} a_{11} & a_{12} & \cdots & a_{1n} \\ a_{21} & a_{22} & \cdots & a_{2n} \\ \vdots & \vdots & & \vdots \\ a_{n1} & a_{n2} & \cdots & a_{nn} \end{vmatrix}=a_{11}A_{11}+a_{12}A_{12}+\cdots+a_{1n}A_{1n}, \quad (1-5)$$

其中 $A_{11},A_{12},\cdots,A_{1n}$ 分别表示元素 $a_{11},a_{12},\cdots,a_{1n}$ 的代数余子式,式(1-5)称为 n **阶行列式的展开式**.

对于三阶行列式,利用式(1-5)可得:

$$\begin{vmatrix} a_{11} & a_{12} & a_{13} \\ a_{21} & a_{22} & a_{23} \\ a_{31} & a_{32} & a_{33} \end{vmatrix}=a_{11}A_{11}+a_{12}A_{12}+a_{13}A_{13}$$

$$=a_{11}a_{22}a_{33}+a_{12}a_{23}a_{31}+a_{13}a_{21}a_{32}-a_{13}a_{22}a_{31}-a_{12}a_{21}a_{33}-a_{11}a_{23}a_{32}.$$

上式右端的式子称为**三阶行列式的展开式**.

例 2 计算下列行列式的值:

(1) $\begin{vmatrix} 1 & -1 & 0 \\ 4 & -5 & -3 \\ 2 & 3 & 6 \end{vmatrix}$;   (2) $\begin{vmatrix} a_{11} & 0 & 0 & 0 \\ a_{21} & a_{22} & 0 & 0 \\ a_{31} & a_{32} & a_{33} & 0 \\ a_{41} & a_{42} & a_{43} & a_{44} \end{vmatrix}$.

解 (1) $\begin{vmatrix} 1 & -1 & 0 \\ 4 & -5 & -3 \\ 2 & 3 & 6 \end{vmatrix}$

$= 1 \times (-1)^2 \begin{vmatrix} -5 & -3 \\ 3 & 6 \end{vmatrix} + (-1) \times (-1)^3 \begin{vmatrix} 4 & -3 \\ 2 & 6 \end{vmatrix} + 0 \times (-1)^4 \begin{vmatrix} 4 & -5 \\ 2 & 3 \end{vmatrix}$

$= [-5 \times 6 - (-3) \times 3] + [4 \times 6 - (-3) \times 2] = -30 + 9 + 24 + 6 = 9.$

(2) $\begin{vmatrix} a_{11} & 0 & 0 & 0 \\ a_{21} & a_{22} & 0 & 0 \\ a_{31} & a_{32} & a_{33} & 0 \\ a_{41} & a_{42} & a_{43} & a_{44} \end{vmatrix} = a_{11} \cdot (-1)^2 \begin{vmatrix} a_{22} & 0 & 0 \\ a_{32} & a_{33} & 0 \\ a_{42} & a_{43} & a_{44} \end{vmatrix}$

$= a_{11} a_{22} \begin{vmatrix} a_{33} & 0 \\ a_{43} & a_{44} \end{vmatrix} = a_{11} a_{22} a_{33} a_{44}.$

类似地,可得 $\begin{vmatrix} a_{11} & a_{12} & a_{13} & a_{14} \\ 0 & a_{22} & a_{23} & a_{24} \\ 0 & 0 & a_{33} & a_{34} \\ 0 & 0 & 0 & a_{44} \end{vmatrix} = a_{11} a_{22} a_{33} a_{44}.$

一般地,有

$$\begin{vmatrix} a_{11} & 0 & \cdots & 0 \\ a_{21} & a_{22} & \cdots & 0 \\ \vdots & \vdots & & \vdots \\ a_{n1} & a_{n2} & \cdots & a_{nn} \end{vmatrix} = \begin{vmatrix} a_{11} & a_{12} & \cdots & a_{1n} \\ 0 & a_{22} & \cdots & a_{2n} \\ \vdots & \vdots & & \vdots \\ 0 & 0 & \cdots & a_{nn} \end{vmatrix} = a_{11} a_{22} \cdots a_{nn}.$$

上式中的两个行列式分别称为**下三角行列式**和**上三角行列式**.

对于三元一次线性方程组

$$\begin{cases} a_{11}x_1 + a_{12}x_2 + a_{13}x_3 = b_1, \\ a_{21}x_1 + a_{22}x_2 + a_{23}x_3 = b_2, \\ a_{31}x_1 + a_{32}x_2 + a_{33}x_3 = b_3, \end{cases}$$

可以验证,当方程组的系数行列式 $D \neq 0$ 时,方程组有唯一解:

$$x_1 = \frac{D_1}{D}, \quad x_2 = \frac{D_2}{D}, \quad x_3 = \frac{D_3}{D},$$

其中 $D = \begin{vmatrix} a_{11} & a_{12} & a_{13} \\ a_{21} & a_{22} & a_{23} \\ a_{31} & a_{32} & a_{33} \end{vmatrix}$, D_1, D_2, D_3 是把 D 的第一、二、三列分别换成方程组右端的常数

列所得到的三阶行列式.

例 3 解线性方程组

$$\begin{cases} x_1 - x_2 + 5x_3 = 7, \\ 2x_1 - x_2 - x_3 = 4, \\ x_1 + 5x_2 - x_3 = 7. \end{cases}$$

解

$$D = \begin{vmatrix} 1 & -1 & 5 \\ 2 & -1 & -1 \\ 1 & 5 & -1 \end{vmatrix}, \quad D_1 = \begin{vmatrix} 7 & -1 & 5 \\ 4 & -1 & -1 \\ 7 & 5 & -1 \end{vmatrix},$$

$$D_2 = \begin{vmatrix} 1 & 7 & 5 \\ 2 & 4 & -1 \\ 1 & 7 & -1 \end{vmatrix}, \quad D_3 = \begin{vmatrix} 1 & -1 & 7 \\ 2 & -1 & 4 \\ 1 & 5 & 7 \end{vmatrix}.$$

利用三阶行列式的展开式,计算系数行列式的值:

$$D = 1 \times (-1) \times (-1) + (-1) \times (-1) \times 1 + 5 \times 5 \times 2 - 5 \times (-1) \times 1$$
$$- (-1) \times 2 \times (-1) - 1 \times 5 \times (-1)$$
$$= 60.$$

类似地计算,可得

$$D_1 = 180, \quad D_2 = 60, \quad D_3 = 60.$$

因为 $D \neq 0$,所以方程组有唯一解:

$$x_1 = \frac{D_1}{D} = \frac{180}{60} = 3, \quad x_2 = \frac{D_2}{D} = \frac{60}{60} = 1, \quad x_3 = \frac{D_3}{D} = \frac{60}{60} = 1.$$

一般地,对于有 n 个未知量 n 个方程的线性方程组,有下面的结论成立.

定理 1.1(克莱姆法则) 设有 n 个未知量 n 个方程的线性方程组

$$\begin{cases} a_{11}x_1 + a_{12}x_2 + \cdots + a_{1n}x_n = b_1, \\ a_{21}x_1 + a_{22}x_2 + \cdots + a_{2n}x_n = b_2, \\ \cdots \cdots \\ a_{n1}x_1 + a_{n2}x_2 + \cdots + a_{nn}x_n = b_n \end{cases} \tag{1-6}$$

的系数行列式为

$$D = \begin{vmatrix} a_{11} & a_{12} & \cdots & a_{1n} \\ a_{21} & a_{22} & \cdots & a_{2n} \\ \vdots & \vdots & & \vdots \\ a_{n1} & a_{n2} & \cdots & a_{nn} \end{vmatrix},$$

则当 $D \neq 0$ 时,方程组(1-6)有唯一解:

$$x_1 = \frac{D_1}{D}, \quad x_2 = \frac{D_2}{D}, \quad \cdots, \quad x_n = \frac{D_n}{D},$$

其中 $D_i(i=1,2,\cdots,n)$ 是将 D 中第 i 列换成方程组右端的常数列所得到的行列式.

三、行列式的性质

当 $n \geq 3$ 时，按定义计算行列式往往十分复杂，下面给出行列式的一些性质，并利用这些性质来进行行列式的计算.

把 n 阶行列式

$$D = \begin{vmatrix} a_{11} & a_{12} & \cdots & a_{1n} \\ a_{21} & a_{22} & \cdots & a_{2n} \\ \vdots & \vdots & & \vdots \\ a_{n1} & a_{n2} & \cdots & a_{nn} \end{vmatrix}$$

中的每一行换为同序数的列所得到的新行列式称为 D 的**转置行列式**，记为 D^T，即

$$D^T = \begin{vmatrix} a_{11} & a_{21} & \cdots & a_{n1} \\ a_{12} & a_{22} & \cdots & a_{n2} \\ \vdots & \vdots & & \vdots \\ a_{1n} & a_{2n} & \cdots & a_{nn} \end{vmatrix}.$$

性质 1.1 行列式 D 与它的转置行列式 D^T 的值相等，即 $D = D^T$.

性质 1.2 互换行列式中的某两行（列），所得新行列式的值等于原来行列式值的相反数.

互换行列式中的第 i 行与第 j 行记为 $r_i \leftrightarrow r_j$，互换第 i 列与第 j 列记为 $c_i \leftrightarrow c_j$.

如果行列式 D 中有两行（列）的对应元素都相等，那么交换这两行（列）后得到的行列式还是 D，由性质 1.2 有 $D = -D$，即 $D = 0$，因此有下面的推论.

推论 1.1 如果行列式 D 中某两行（列）的对应元素都相等，那么 $D = 0$.

性质 1.3 行列式 D 的值等于它任意一行（列）的各元素与其对应的代数余子式乘积之和，即

$$D_n = a_{i1}A_{i1} + a_{i2}A_{i2} + \cdots + a_{in}A_{in} \, (i = 1, 2, \cdots, n)$$

或

$$D_n = a_{1j}A_{1j} + a_{2j}A_{2j} + \cdots + a_{nj}A_{nj} \, (j = 1, 2, \cdots, n).$$

推论 1.2 如果行列式中有一行（列）元素全为 0，那么行列式的值为 0.

性质 1.4 如果行列式中某一行（列）的所有元素有公因子 k，那么 k 可提到行列式记号外.

例如，$\begin{vmatrix} -1 & 2 & 5 \\ k & 2k & 3k \\ 5 & 7 & 9 \end{vmatrix} \xlongequal{\text{性质}1.4} k \begin{vmatrix} -1 & 2 & 5 \\ 1 & 2 & 3 \\ 5 & 7 & 9 \end{vmatrix}.$

由性质 1.4 和推论 1.1，可得下面的推论.

推论 1.3 如果行列式 D 中某两行（列）的元素对应成比例，那么 $D = 0$.

性质 1.5
$$\begin{vmatrix} a_{11} & a_{12} & \cdots & a_{1n} \\ \vdots & \vdots & & \vdots \\ a_{i1}+b_{i1} & a_{i2}+b_{i2} & \cdots & a_{in}+b_{in} \\ \vdots & \vdots & & \vdots \\ a_{n1} & a_{n2} & \cdots & a_{nn} \end{vmatrix} = \begin{vmatrix} a_{11} & a_{12} & \cdots & a_{1n} \\ \vdots & \vdots & & \vdots \\ a_{i1} & a_{i2} & \cdots & a_{in} \\ \vdots & \vdots & & \vdots \\ a_{n1} & a_{n2} & \cdots & a_{nn} \end{vmatrix} + \begin{vmatrix} a_{11} & a_{12} & \cdots & a_{1n} \\ \vdots & \vdots & & \vdots \\ b_{i1} & b_{i2} & \cdots & b_{in} \\ \vdots & \vdots & & \vdots \\ a_{n1} & a_{n2} & \cdots & a_{nn} \end{vmatrix}.$$

性质 1.5 对列也有类似的式子成立.

性质 1.6 把行列式的某一行(列)的每一个元素加上另一行(列)对应元素的 k 倍,所得到的新行列式与原来行列式的值相等.

把行列式第 i 行的每个元素加上第 j 行对应元素的 k 倍,记为 $r_i + kr_j$;第 i 列的每个元素加上第 j 列对应元素的 k 倍,记为 $c_i + kc_j$.

例 4 计算行列式 $\begin{vmatrix} -2 & 1 & -5 & -2 \\ 1 & 1 & 1 & -2 \\ 3 & 1 & -1 & -4 \\ 5 & 1 & 1 & 2 \end{vmatrix}$ 的值.

解
$$\begin{vmatrix} -2 & 1 & -5 & -2 \\ 1 & 1 & 1 & -2 \\ 3 & 1 & -1 & -4 \\ 5 & 1 & 1 & 2 \end{vmatrix} \xrightarrow{r_1 \leftrightarrow r_2} - \begin{vmatrix} 1 & 1 & 1 & -2 \\ -2 & 1 & -5 & -2 \\ 3 & 1 & -1 & -4 \\ 5 & 1 & 1 & 2 \end{vmatrix}$$

$$\xrightarrow[r_4+(-5)r_1]{\substack{r_2+2r_1 \\ r_3+(-3)r_1}} - \begin{vmatrix} 1 & 1 & 1 & -2 \\ 0 & 3 & -3 & -6 \\ 0 & -2 & -4 & 2 \\ 0 & -4 & -4 & 12 \end{vmatrix}$$

$$= -24 \begin{vmatrix} 1 & 1 & 1 & -2 \\ 0 & 1 & -1 & -2 \\ 0 & 1 & 2 & -1 \\ 0 & 1 & 1 & -3 \end{vmatrix} \xrightarrow{\substack{r_3-r_2 \\ r_4-r_2}} -24 \begin{vmatrix} 1 & 1 & 1 & -2 \\ 0 & 1 & -1 & -2 \\ 0 & 0 & 3 & 1 \\ 0 & 0 & 2 & -1 \end{vmatrix}$$

$$\xrightarrow{r_4+\left(-\frac{2}{3}\right)r_3} -24 \begin{vmatrix} 1 & 1 & 1 & -2 \\ 0 & 1 & -1 & -2 \\ 0 & 0 & 3 & 1 \\ 0 & 0 & 0 & -\frac{5}{3} \end{vmatrix} = 120.$$

一般地,对于一个三阶以及三阶以上的行列式,常利用性质将它化简后再进行求值.

习题 1-1

1. 计算下列行列式的值:

(1) $\begin{vmatrix} 2 & 3 \\ 1 & 2 \end{vmatrix}$;

(2) $\begin{vmatrix} 1 & 2 & 3 \\ -1 & 0 & 6 \\ 4 & 0 & 5 \end{vmatrix}$;

(3) $\begin{vmatrix} 1 & 0 & -2 \\ 3 & 4 & 5 \\ 1 & 2 & 6 \end{vmatrix}$;

(4) $\begin{vmatrix} -6 & 3 & -9 \\ 4 & -2 & 6 \\ 1 & 5 & 6 \end{vmatrix}$;

(5) $\begin{vmatrix} 2 & -2 & 0 \\ 2 & -8 & -9 \\ 2 & 3 & 6 \end{vmatrix}$;

(6) $\begin{vmatrix} ae & ac & -ab \\ de & -cd & bd \\ -ef & cf & bf \end{vmatrix}$;

(7) $\begin{vmatrix} 1 & 2 & 3 & 4 \\ 2 & 1 & 4 & 3 \\ 3 & 4 & 1 & 2 \\ 4 & 3 & 2 & 1 \end{vmatrix}$;

(8) $\begin{vmatrix} -2 & 2 & -4 & 0 \\ 4 & -1 & 3 & 5 \\ 3 & 1 & -2 & -3 \\ 2 & 0 & 5 & 1 \end{vmatrix}$;

(9) $\begin{vmatrix} -2 & 3 & -8 & -1 \\ 1 & -2 & 1 & 0 \\ 3 & 1 & -2 & 4 \\ 1 & 4 & 2 & -5 \end{vmatrix}$.

2. 证明：

$$\begin{vmatrix} 1 & 1 & 1 & 1 \\ a & b & c & d \\ a^2 & b^2 & c^2 & d^2 \\ a^3 & b^3 & c^3 & d^3 \end{vmatrix} = (b-a)(c-a)(d-a)(c-b)(d-b)(d-c).$$

3. 用克莱姆法则解下列方程组：

(1) $\begin{cases} 5x + 4y = 6, \\ 3x + 3y = 8; \end{cases}$

(2) $\begin{cases} x_1 - x_2 + 2x_3 = 13, \\ x_1 + x_2 + x_3 = 10, \\ 2x_1 + 3x_2 - x_3 = 1; \end{cases}$

(3) $\begin{cases} x_1 - 2x_2 + 2x_3 = -1, \\ 2x_1 + 4x_2 = 10, \\ x_1 - x_2 - 5x_3 = 7. \end{cases}$

§1.2 矩阵的概念和运算

在日常生活、经济管理和工程技术中，经常会遇到和处理一些大型数据表. 例如，工厂的投入与产出表，大型超市中各类商品的销售与利润表，学生的成绩表，等等. 为了方便记述和处理，英国数学家凯莱(Arthur Cayley,1821～1895 年)和西尔维斯特(James Joseph Sylvester,1814～1897 年)建立了矩阵的概念及相关运算. 有了矩阵这一工具，许多棘手问题的解决变得简单起来. 如今，矩阵已经成为现代科学技术不可缺少的工具了.

一、矩阵的概念

1. 矩阵的定义

先来看下面的例子.

例1 某企业生产 5 种产品，各种产品的季度产值(单位:万元)如表 1－1 所示.

表 1-1　5 种产品的季度产值

产品＼季度	A	B	C	D	E
1	78	58	85	80	79
2	85	73	75	96	83
3	90	75	90	92	86
4	88	68	86	89	90

将表 1-1 中的数据抽出来,按照原来的顺序排列成一个矩形数表,并用圆括号(或方括号)括起来,那么表 1-1 就可简记为

$$\begin{pmatrix} 78 & 58 & 85 & 80 & 79 \\ 85 & 73 & 75 & 96 & 83 \\ 90 & 75 & 90 & 92 & 86 \\ 88 & 68 & 86 & 89 & 90 \end{pmatrix}.$$

这样的矩形数表在数学上就称为**矩阵**.它具体描述了这家企业的 5 种产品各季度的产值,同时也揭示了年产值及产值的季增长率等情况.

定义 1.4　由 $m \times n$ 个数 $a_{ij}(i=1,2,\cdots,m;j=1,2,\cdots,n)$ 排成的 m 行 n 列的矩形数表

$$\begin{pmatrix} a_{11} & a_{12} & \cdots & a_{1n} \\ a_{21} & a_{22} & \cdots & a_{2n} \\ \vdots & \vdots & & \vdots \\ a_{m1} & a_{m2} & \cdots & a_{mn} \end{pmatrix}$$

称为 m 行 n 列矩阵,简称 $m \times n$ **矩阵**.矩阵中的每一个数称为**矩阵的元素**,简称**元**,a_{ij} 表示位于**第 i 行第 j 列的元素**,下标 i 和 j 分别称为**行标**和**列标**.

矩阵通常用大写黑体字母 A,B,C 等来表示.有时为了表明矩阵的行数与列数,$m \times n$ 矩阵 A 也可记为 $A_{m \times n}$ 或 $(a_{ij})_{m \times n}$.

2. 常用的特殊矩阵

只有一行的矩阵 $(a_1 \quad a_2 \quad \cdots \quad a_n)$ 称为**行矩阵**或**行向量**.

只有一列的矩阵 $\begin{pmatrix} b_1 \\ b_2 \\ \vdots \\ b_m \end{pmatrix}$ 称为**列矩阵**或**列向量**.

所有元素均为 0 的矩阵称为**零矩阵**,记为 $O_{m \times n}$ 或 O.

当行数与列数相等时,矩阵

$$A = \begin{pmatrix} a_{11} & a_{12} & \cdots & a_{1n} \\ a_{21} & a_{22} & \cdots & a_{2n} \\ \vdots & \vdots & & \vdots \\ a_{n1} & a_{n2} & \cdots & a_{nn} \end{pmatrix}$$

称为 n **阶方阵**,简记为 A_n. 在 n 阶方阵中,从左上角至右下角的 n 个元素 $a_{11}, a_{22}, \cdots, a_{nn}$ 所在的对角线称为**主对角线**, $a_{ii}(i=1,2,\cdots,n)$ 称为**主对角元素**.

若方阵 A 的主对角线以下(以上)的元素全为零,则称 A 为**上三角阵(下三角阵)**,即

$$A = \begin{pmatrix} a_{11} & a_{12} & \cdots & a_{1n} \\ 0 & a_{22} & \cdots & a_{2n} \\ \vdots & \vdots & & \vdots \\ 0 & 0 & \cdots & a_{nn} \end{pmatrix} \text{ 或 } A = \begin{pmatrix} a_{11} & 0 & \cdots & 0 \\ a_{21} & a_{22} & \cdots & 0 \\ \vdots & \vdots & & \vdots \\ a_{n1} & a_{n2} & \cdots & a_{nn} \end{pmatrix}.$$

在方阵 A 中,若主对角线以外的元素全为 0,即

$$A = \begin{pmatrix} \lambda_1 & 0 & \cdots & 0 \\ 0 & \lambda_2 & \cdots & 0 \\ \vdots & \vdots & & \vdots \\ 0 & 0 & \cdots & \lambda_n \end{pmatrix},$$

则称 A 为**对角阵**. 特别地,主对角线上的元素都是 1 的 n 阶对角阵

$$\begin{pmatrix} 1 & 0 & \cdots & 0 \\ 0 & 1 & \cdots & 0 \\ \vdots & \vdots & & \vdots \\ 0 & 0 & \cdots & 1 \end{pmatrix}$$

称为**单位阵**,记为 E 或 E_n.

3. 矩阵相等

若两个矩阵 A,B 有相同的行数与相同的列数,则称它们是**同型矩阵**.

> **定义 1.5** 设 A 与 B 都是 $m \times n$ 矩阵,如果它们的对应元素相等,即
> $$a_{ij} = b_{ij}(i=1,2,\cdots,m; j=1,2,\cdots,n),$$
> 那么称矩阵 A 与 B **相等**,记为 $A = B$.

例 2 已知 $A = \begin{pmatrix} 3x & -1 & 0 \\ 0 & 4 & y+1 \\ -1 & 3 & 2 \end{pmatrix}, B = \begin{pmatrix} 6 & -1 & 0 \\ 0 & 4 & 5 \\ -1 & 3 & 3z-1 \end{pmatrix}$,且 $A = B$,求 x, y, z.

解 由矩阵相等的定义,可知 $3x = 6, y+1 = 5, 2 = 3z-1$,所以
$$x = 2, \quad y = 4, \quad z = 1.$$

二、矩阵的运算

矩阵的意义不仅在于简记含有大量数的数表,而且在于通过对矩阵做一些有实际意义的运算来进行数据分析和处理,从而解决实际问题.

1. 矩阵的线性运算

> **定义 1.6** 设 A 和 B 是两个 $m \times n$ 矩阵,规定:
> (1)矩阵 A 与 B 的**和**记为 $A+B$,且
> $$A+B = (a_{ij} + b_{ij})_{m \times n}.$$
> (2)矩阵 A 与 B 的**差**记为 $A-B$,且
> $$A-B = (a_{ij} - b_{ij})_{m \times n}.$$
> (3)数 λ 与矩阵 A 的**积**记为 λA,且 $\lambda A = (\lambda a_{ij})_{m \times n}$.
> 特别地,当 $\lambda = -1$ 时,$(-1)A = (-a_{ij})_{m \times n}$,该矩阵称为 A 的**负矩阵**,记为 $-A$.

上面定义的三种运算分别是矩阵的**加法**、**减法**以及**数乘**运算,称为矩阵的**线性运算**.

例3 某石油公司有三个炼油厂甲、乙、丙,它们在 2012 年和 2013 年生产的四种成品油 a_1, a_2, a_3, a_4 的数量(单位:万吨)分别由表 1-2 与 1-3 给出.

表 1-2 2012 年的生产量

炼油厂＼成品油	a_1	a_2	a_3	a_4
甲	70	16	30	15
乙	65	18	34	10
丙	80	24	25	8

表 1-3 2013 年的生产量

炼油厂＼成品油	a_1	a_2	a_3	a_4
甲	84	18	36	19
乙	75	20	30	16
丙	90	20	35	10

分别用矩阵表示这三个炼油厂在 2012 年和 2013 年生产的每种成品油的总量以及平均量.

解 表 1-2 和表 1-3 所对应的矩阵分别记为
$$A = \begin{pmatrix} 70 & 16 & 30 & 15 \\ 65 & 18 & 34 & 10 \\ 80 & 24 & 25 & 8 \end{pmatrix} \text{ 和 } B = \begin{pmatrix} 84 & 18 & 36 & 19 \\ 75 & 20 & 30 & 16 \\ 90 & 20 & 35 & 10 \end{pmatrix}.$$

(1)设这三个炼油厂在 2012 年和 2013 年生产的每种成品油的总量所对应的矩阵为 C,显然,矩阵 C 中的各元素正好是矩阵 A 与 B 中对应位置上的元素之和,因此
$$C = A + B = \begin{pmatrix} 70 & 16 & 30 & 15 \\ 65 & 18 & 34 & 10 \\ 80 & 24 & 25 & 8 \end{pmatrix} + \begin{pmatrix} 84 & 18 & 36 & 19 \\ 75 & 20 & 30 & 16 \\ 90 & 20 & 35 & 10 \end{pmatrix} = \begin{pmatrix} 154 & 34 & 66 & 34 \\ 140 & 38 & 64 & 26 \\ 170 & 44 & 60 & 18 \end{pmatrix}.$$

(2)设这三个炼油厂在 2012 年和 2013 年生产的每种成品油的平均量所对应的矩阵为 D,显然,矩阵 D 中的每一个元素都是 C 中对应元素的 $\dfrac{1}{2}$,因此

$$D = \frac{1}{2}C = \begin{pmatrix} 77 & 17 & 33 & 17 \\ 70 & 19 & 32 & 13 \\ 85 & 22 & 30 & 9 \end{pmatrix}.$$

思考:矩阵 $B - A$ 怎样计算,它有什么实际意义?

例4 设 $A = \begin{pmatrix} 3 & 2 & -1 & 5 \\ -1 & 4 & 0 & 3 \\ 2 & 0 & 6 & 1 \end{pmatrix}, B = \begin{pmatrix} 2 & 1 & -1 & 1 \\ 0 & 5 & 3 & 1 \\ 3 & -2 & 4 & 0 \end{pmatrix}$,求 $A + B, A - 3B$.

解 $A + B = \begin{pmatrix} 3 & 2 & -1 & 5 \\ -1 & 4 & 0 & 3 \\ 2 & 0 & 6 & 1 \end{pmatrix} + \begin{pmatrix} 2 & 1 & -1 & 1 \\ 0 & 5 & 3 & 1 \\ 3 & -2 & 4 & 0 \end{pmatrix} = \begin{pmatrix} 5 & 3 & -2 & 6 \\ -1 & 9 & 3 & 4 \\ 5 & -2 & 10 & 1 \end{pmatrix},$

$A - 3B = \begin{pmatrix} 3 & 2 & -1 & 5 \\ -1 & 4 & 0 & 3 \\ 2 & 0 & 6 & 1 \end{pmatrix} - \begin{pmatrix} 6 & 3 & -3 & 3 \\ 0 & 15 & 9 & 3 \\ 9 & -6 & 12 & 0 \end{pmatrix} = \begin{pmatrix} -3 & -1 & 2 & 2 \\ -1 & -11 & -9 & 0 \\ -7 & 6 & -6 & 1 \end{pmatrix}.$

矩阵的加法、数乘运算满足下列运算律,其中 λ, μ 是数:

(1) 交换律:$A + B = B + A, \lambda A = A\lambda$;

(2) 结合律:$(A + B) + C = A + (B + C), \lambda(\mu A) = (\lambda \mu)A$;

(3) 分配律:$\lambda(A + B) = \lambda A + \lambda B, (\lambda + \mu)A = \lambda A + \mu A$;

(4) $A + O = A, 0A = O, 1A = A.$

2. 矩阵的乘法

看下面的例子.

例5 某地区有两家工厂,它们2014年生产甲、乙、丙三种产品的产量(单位:万件)及各种产品的单位售价(单位:千元)、单位利润(单位:千元/万件)见表1-4和表1-5.求这两家工厂生产这三种产品的销售总额和利润总额,并用矩阵表示.

表1-4 两家工厂的生产产量

	甲	乙	丙
工厂1	20	40	30
工厂2	25	30	16

表1-5 各产品的单位售价和单位利润

	单位售价	单位利润
甲	5	0.6
乙	3	0.4
丙	4	0.5

解 由题意,两家工厂生产这三种产品的销售总额和利润总额如表1-6所示.

表1-6 销售总额和利润总额

	销售总额	利润总额
工厂1	$20 \times 5 + 40 \times 3 + 30 \times 4 = 340$	$20 \times 0.6 + 40 \times 0.4 + 30 \times 0.5 = 43$
工厂2	$25 \times 5 + 30 \times 3 + 16 \times 4 = 279$	$25 \times 0.6 + 30 \times 0.4 + 16 \times 0.5 = 35$

表 1-4、表 1-5 及表 1-6 用矩阵可分别表示为

$$A = \begin{pmatrix} 20 & 40 & 30 \\ 25 & 30 & 16 \end{pmatrix}, \quad B = \begin{pmatrix} 5 & 0.6 \\ 3 & 0.4 \\ 4 & 0.5 \end{pmatrix},$$

$$C = \begin{pmatrix} 20 \times 5 + 40 \times 3 + 30 \times 4 & 20 \times 0.6 + 40 \times 0.4 + 30 \times 0.5 \\ 25 \times 5 + 30 \times 3 + 16 \times 4 & 25 \times 0.6 + 30 \times 0.4 + 16 \times 0.5 \end{pmatrix}$$

$$= \begin{pmatrix} 340 & 43 \\ 279 & 35 \end{pmatrix}.$$

可以看出，矩阵 C 的每一个元素 $c_{ij}(i=1,2;j=1,2)$ 是由矩阵 A 的第 i 行上的各元素与矩阵 B 的第 j 列上的各元素对应相乘再相加得到的，即

$$c_{ij} = a_{i1} \cdot b_{1j} + a_{i2} \cdot b_{2j} + a_{i3} \cdot b_{3j}(i=1,2;j=1,2).$$

我们称矩阵 C 为矩阵 A 与 B 的乘积，记为 AB.

定义 1.7 设 $A = (a_{ij})_{m \times s}, B = (b_{ij})_{s \times n}$，则称由元素

$$c_{ij} = a_{i1} \cdot b_{1j} + a_{i2} \cdot b_{2j} + \cdots + a_{is} \cdot b_{sj}(i=1,2,\cdots,m;j=1,2,\cdots,n)$$

所组成的矩阵 $C = (c_{ij})_{m \times n}$ 为矩阵 A 与 B 的**乘积**，记为 AB，即 $AB = C = (c_{ij})_{m \times n}$.

说明：(1) 只有当左边矩阵 A 的列数等于右边矩阵 B 的行数时，AB 才有意义；

(2) 在 $AB = C$ 中，C 中的元素 c_{ij} 等于左边矩阵 A 的第 i 行与右边矩阵 B 的第 j 列各元素对应乘积之和，C 的行数与 A 的行数相同，列数与 B 的列数相同.

例 6 设 $A = \begin{pmatrix} -1 & 6 \\ 3 & 2 \\ 2 & -1 \end{pmatrix}, B = \begin{pmatrix} 2 & 3 \\ 5 & 1 \end{pmatrix}$，判断 AB, BA 是否有意义，若有意义将其求出来.

解 因为 A 是 3×2 矩阵，B 是 2×2 矩阵，所以 AB 有意义，但 BA 无意义.

$$AB = \begin{pmatrix} -1 & 6 \\ 3 & 2 \\ 2 & -1 \end{pmatrix}\begin{pmatrix} 2 & 3 \\ 5 & 1 \end{pmatrix} = \begin{pmatrix} (-1) \times 2 + 6 \times 5 & (-1) \times 3 + 6 \times 1 \\ 3 \times 2 + 2 \times 5 & 3 \times 3 + 2 \times 1 \\ 2 \times 2 + (-1) \times 5 & 2 \times 3 + (-1) \times 1 \end{pmatrix} = \begin{pmatrix} 28 & 3 \\ 16 & 11 \\ -1 & 5 \end{pmatrix}.$$

例 7 设 $A = \begin{pmatrix} 5 & -2 \\ -3 & 4 \end{pmatrix}, B = \begin{pmatrix} 1 & 3 \\ -2 & -1 \end{pmatrix}$，求 AB, BA.

解 $$AB = \begin{pmatrix} 5 & -2 \\ -3 & 4 \end{pmatrix}\begin{pmatrix} 1 & 3 \\ -2 & -1 \end{pmatrix} = \begin{pmatrix} 9 & 17 \\ -11 & -13 \end{pmatrix},$$

$$BA = \begin{pmatrix} 1 & 3 \\ -2 & -1 \end{pmatrix}\begin{pmatrix} 5 & -2 \\ -3 & 4 \end{pmatrix} = \begin{pmatrix} -4 & 10 \\ -7 & 0 \end{pmatrix}.$$

从例 6 和例 7 可以看出，**矩阵的乘法不满足交换律**，即一般地，$AB \neq BA$.

例 8 设 $A = \begin{pmatrix} 7 & 0 \\ 3 & 0 \end{pmatrix}, B = \begin{pmatrix} 0 & 0 \\ 5 & 8 \end{pmatrix}, C = \begin{pmatrix} 0 & 0 \\ -3 & 6 \end{pmatrix}$，求 AB, AC.

解 $AB = \begin{pmatrix} 7 & 0 \\ 3 & 0 \end{pmatrix}\begin{pmatrix} 0 & 0 \\ 5 & 8 \end{pmatrix} = \begin{pmatrix} 0 & 0 \\ 0 & 0 \end{pmatrix}, \quad AC = \begin{pmatrix} 7 & 0 \\ 3 & 0 \end{pmatrix}\begin{pmatrix} 0 & 0 \\ -3 & 6 \end{pmatrix} = \begin{pmatrix} 0 & 0 \\ 0 & 0 \end{pmatrix}.$

从例 8 可以看出,两个矩阵都不是零矩阵,但其乘积矩阵却可能是零矩阵. 因此,由矩阵 $AB = O$ 不能推出矩阵 $A = O$ 或 $B = O$. 另外,从例 8 还可以看出,虽然 $B \neq C$,但是却有 $AB = AC$. 所以,**矩阵的乘法不满足消去律**,即由 $AB = AC$ 不能推出 $B = C$.

可以验证,矩阵的乘法满足以下运算律:

(1) 结合律: $(AB)C = A(BC)$,$\lambda(AB) = (\lambda A)B = A(\lambda B)$(其中 λ 是数);

(2) 分配律: $A(B+C) = AB + AC$,$(A+B)C = AC + BC$;

(3) $A_{m \times n} E_n = E_m A_{m \times n} = A_{m \times n}$,$A_n E_n = E_n A_n = A_n$.

3. 方阵的幂

> **定义 1.8** 设 A 是 n 阶方阵,k 是自然数,规定:
> $$A^0 = E, \quad A^1 = A, \quad A^2 = A \cdot A, \quad \cdots, \quad A^k = A^{k-1} \cdot A = \underbrace{A \cdot A \cdot \cdots \cdot A}_{k\text{个}},$$
> 称 A^k 为方阵 A 的 k 次幂.

由定义 1.8 可知,$A^k \cdot A^l = A^l \cdot A^k = A^{k+l}$,$(A^k)^l = A^{kl}$(其中 k,l 为非负整数). 但由于矩阵乘法不满足交换律,所以一般地,$(AB)^k \neq A^k B^k$.

例 9 设 $A = \begin{pmatrix} 1 & 0 \\ 2 & 1 \end{pmatrix}$,求 A^n,其中 n 为正整数.

解
$$A^2 = A \cdot A = \begin{pmatrix} 1 & 0 \\ 2 & 1 \end{pmatrix}\begin{pmatrix} 1 & 0 \\ 2 & 1 \end{pmatrix} = \begin{pmatrix} 1 & 0 \\ 4 & 1 \end{pmatrix},$$

$$A^3 = A^2 \cdot A = \begin{pmatrix} 1 & 0 \\ 4 & 1 \end{pmatrix}\begin{pmatrix} 1 & 0 \\ 2 & 1 \end{pmatrix} = \begin{pmatrix} 1 & 0 \\ 6 & 1 \end{pmatrix},$$

……

可以看出
$$A^n = \begin{pmatrix} 1 & 0 \\ 2n & 1 \end{pmatrix}.$$

4. 转置矩阵及其性质

将矩阵
$$A = \begin{pmatrix} a_{11} & a_{12} & \cdots & a_{1n} \\ a_{21} & a_{22} & \cdots & a_{2n} \\ \vdots & \vdots & & \vdots \\ a_{m1} & a_{m2} & \cdots & a_{mn} \end{pmatrix}$$

的所有行换为同序数的列,这样得到的矩阵称为 A 的**转置矩阵**,记为 A^T,即

$$A^T = \begin{pmatrix} a_{11} & a_{21} & \cdots & a_{m1} \\ a_{12} & a_{22} & \cdots & a_{m2} \\ \vdots & \vdots & & \vdots \\ a_{1n} & a_{2n} & \cdots & a_{mn} \end{pmatrix}.$$

可以看出,若 A 是 $m \times n$ 矩阵,则 A^T 是 $n \times m$ 矩阵.

例如,$A = \begin{pmatrix} 3 & 5 & 10 \\ -7 & 6 & -9 \end{pmatrix}$ 的转置矩阵为 $A^T = \begin{pmatrix} 3 & -7 \\ 5 & 6 \\ 10 & -9 \end{pmatrix}$.

可以验证,转置矩阵有下列性质,其中 k 是一个数:
$(A^T)^T = A$, $(A+B)^T = A^T + B^T$, $(kA)^T = kA^T$, $(AB)^T = B^T A^T$.

习题 1-2

1. 表 1-7 给出了在三家不同的超市购买三种水果的价格(单位:元/千克).
(1) 写出表中对应的水果价格矩阵及其转置矩阵;
(2) 若水果价格下降 50%,则水果价格矩阵是什么?

表 1-7 三家超市三种水果的价格

水果超市	苹果	香蕉	葡萄
甲	10	14	20
乙	12	10	22
丙	8	12	18

2. 已知 $A = \begin{pmatrix} 3 & -4 & 0 \\ 0 & 5 & y-1 \\ -2 & -9 & 2 \end{pmatrix}, B = \begin{pmatrix} 3 & 2x & 0 \\ 0 & 5 & 3 \\ -2 & 5z+1 & 2 \end{pmatrix}$, 且 $A = B$, 求 x, y, z.

3. 已知 $A = \begin{pmatrix} 2 & -4 & 10 \\ 6 & 4 & -2 \end{pmatrix}, B = \begin{pmatrix} -1 & -2 & 0 \\ 4 & 7 & -5 \end{pmatrix}, C = \begin{pmatrix} 3 & 0 & -8 \\ 1 & 2 & 4 \end{pmatrix}$, 求:

(1) $\frac{1}{2}A$; (2) $A+B$; (3) $2A-B$; (4) $B-3C$.

4. 计算:

(1) $\begin{pmatrix} 2 & 3 \\ 1 & -2 \\ 3 & 1 \end{pmatrix} \begin{pmatrix} 1 & -2 & -3 \\ 2 & -1 & 0 \end{pmatrix}$;

(2) $\begin{pmatrix} 1 & -2 & -3 \\ 2 & -1 & 0 \end{pmatrix} \begin{pmatrix} 2 & 3 \\ 1 & -2 \\ 3 & 1 \end{pmatrix}$;

(3) $\begin{pmatrix} 1 & 2 \\ 3 & 4 \end{pmatrix} \begin{pmatrix} 1 & 2 \\ 3 & 4 \end{pmatrix}$;

(4) $\begin{pmatrix} 25 & 42 \\ 10 & -26 \\ 37 & 19 \end{pmatrix} \begin{pmatrix} 0 & 0 \\ 0 & 0 \end{pmatrix}$;

(5) $\begin{pmatrix} 2 & -5 & -3 \\ -1 & 0 & 6 \end{pmatrix} \begin{pmatrix} 5 & 2 & 3 \\ 0 & -2 & 0 \\ -1 & 1 & 4 \end{pmatrix}$;

(6) $(1 \ 3 \ 5) \begin{pmatrix} 2 \\ 4 \\ 6 \end{pmatrix}$;

(7) $\begin{pmatrix} 2 \\ 4 \\ 6 \end{pmatrix} (1 \ 3 \ 5)$;

(8) $\begin{pmatrix} 1 & 0 & 0 \\ 0 & 2 & 0 \\ 0 & 0 & 3 \end{pmatrix}^3$;

(9) $\begin{pmatrix} 1 & 1 \\ 0 & 1 \end{pmatrix}^n$ (n 为正整数).

5. 设 $A = \begin{pmatrix} -1 & 3 \\ 0 & 2 \\ 1 & -1 \end{pmatrix}, E_2 = \begin{pmatrix} 1 & 0 \\ 0 & 1 \end{pmatrix}, E_3 = \begin{pmatrix} 1 & 0 & 0 \\ 0 & 1 & 0 \\ 0 & 0 & 1 \end{pmatrix}$，试验证：$AE_2 = E_3 A$.

6. 设 $A = \begin{pmatrix} 0 & 2 \\ 3 & 1 \end{pmatrix}, B = \begin{pmatrix} 1 & 1 \\ 0 & 1 \end{pmatrix}$，试验证：$(AB)^2 \neq A^2 B^2$.

7. 写出下面方程组中系数构成的矩阵 A，未知量构成的列矩阵 X 和常数项构成的列矩阵 B，并利用矩阵的乘法及相等的定义说明 $AX = B$.

$$\begin{cases} x_1 + x_2 + x_3 = 3, \\ 2x_1 - x_2 + 5x_3 = 6, \\ 3x_1 + x_2 - 2x_3 = 2. \end{cases}$$

8. 设 $A = \begin{pmatrix} 3 & -1 & 0 \\ 0 & 4 & 1 \\ -1 & 3 & 2 \end{pmatrix}, B = \begin{pmatrix} -1 & 2 & 1 \\ 4 & 5 & 3 \\ -3 & 1 & 2 \end{pmatrix}$.

(1) 求 AB^T； (2) 验证 $(AB)^T = B^T A^T$.

9. 已知 $A = \begin{pmatrix} 1 & -2 & 0 \\ 3 & 1 & -5 \end{pmatrix}, B = \begin{pmatrix} 3 & 0 & 8 \\ 1 & -5 & 7 \end{pmatrix}$，且 $2X - A = 3B$，求矩阵 X.

10. 某工厂生产甲、乙、丙三种产品，各种产品每件所需的生产成本（单位：元）以及四个季度每种产品的生产件数分别由表 1-8 与表 1-9 给出．试求各个季度所需各类成本的矩阵表示．

表 1-8　三种产品每件所需的生产成本

成本＼产品	甲	乙	丙
原材料	0.1	0.3	0.15
劳动量	0.3	0.4	0.25
管理费	0.1	0.2	0.15

表 1-9　四个季度每种产品的生产件数

产品＼季度	Ⅰ	Ⅱ	Ⅲ	Ⅳ
甲	400	500	600	400
乙	200	300	200	100
丙	500	600	400	500

§1.3 矩阵的初等行变换和秩

一、矩阵的初等行变换

这一节介绍矩阵的初等行变换,以及利用初等行变换求矩阵的秩的方法.矩阵的初等行变换还在求逆矩阵以及解线性方程组中有重要应用.

> **定义 1.9** 下面三种变换称为矩阵的**初等行变换**:
> (1)互换变换:互换矩阵的两行;
> (2)倍乘变换:以一个非零常数 k 乘矩阵的某一行;
> (3)倍加变换:将矩阵某一行的每一个元素加上另一行对应元素的 k 倍.

为了书写方便,矩阵的三种初等行变换常用下列符号表示:
(1)互换第 i 行与第 j 行,记为 $r_i \leftrightarrow r_j$;
(2)用非零常数 k 同乘第 i 行上的每一个元素,记为 kr_i;
(3)第 i 行的每一个元素加上第 j 行对应元素的 k 倍,记为 $r_i + kr_j$.

若矩阵 A 经过一系列的初等行变换得到矩阵 B,则称 A 与 B **等价**,记作 $A \cong B$.

例如,$A = \begin{pmatrix} 1 & -1 & 3 \\ 0 & 5 & 2 \\ -2 & 3 & 1 \end{pmatrix} \xrightarrow{r_3 + 2r_1} \begin{pmatrix} 1 & -1 & 3 \\ 0 & 5 & 2 \\ 0 & 1 & 7 \end{pmatrix} = B$,所以 $A \cong B$.

二、矩阵的秩

1. 行阶梯形矩阵

在矩阵中,元素全为零的行称为**零行**;元素不全为零的行称为**非零行**,非零行中第一个不等于零的元素称为该非零行的**首非零元**.

> **定义 1.10** 满足下列两个条件的矩阵称为**行阶梯形矩阵**:
> (1)零行排在非零行的下方或无零行;
> (2)非零行(第一行除外)的首非零元所在列位于前一行首非零元的右侧.
>
> 特别地,每一个非零行的首非零元均为 1,且首非零元所在列的其他元素全为零的行阶梯形矩阵称为**行标准形**.

例如,下列矩阵均为行阶梯形矩阵,其中 D, E, F 为行标准形.

$$A = \begin{pmatrix} 1 & -1 & 3 & 0 \\ 0 & 5 & 2 & 7 \\ 0 & 0 & 1 & -4 \end{pmatrix}, \quad B = \begin{pmatrix} 1 & 2 & -5 & 3 \\ 0 & 0 & 4 & 8 \\ 0 & 0 & 0 & -1 \end{pmatrix}, \quad C = \begin{pmatrix} 0 & -2 & 6 & 9 \\ 0 & 0 & 11 & 3 \\ 0 & 0 & 0 & 0 \end{pmatrix},$$

$$D = \begin{pmatrix} 1 & 0 & 0 \\ 0 & 1 & 0 \\ 0 & 0 & 1 \end{pmatrix}, \quad E = \begin{pmatrix} 1 & 0 & 2 & 1 \\ 0 & 1 & 4 & -3 \\ 0 & 0 & 0 & 0 \end{pmatrix}, \quad F = \begin{pmatrix} 1 & -2 & 0 & 0 & -1 \\ 0 & 0 & 1 & 0 & 5 \\ 0 & 0 & 0 & 1 & -2 \\ 0 & 0 & 0 & 0 & 0 \end{pmatrix}.$$

定理 1.2 任一矩阵都可以通过有限次初等行变换化为行阶梯形矩阵和行标准形.

例 1 用初等行变换把矩阵
$$A = \begin{pmatrix} 2 & 2 & -4 & 6 \\ 3 & 1 & -2 & 5 \\ 1 & 3 & -6 & 7 \\ -1 & -1 & 2 & -3 \end{pmatrix}$$

化为行阶梯形矩阵和行标准形.

解
$$A = \begin{pmatrix} 2 & 2 & -4 & 6 \\ 3 & 1 & -2 & 5 \\ 1 & 3 & -6 & 7 \\ -1 & -1 & 2 & -3 \end{pmatrix} \xrightarrow{\frac{1}{2}r_1} \begin{pmatrix} 1 & 1 & -2 & 3 \\ 3 & 1 & -2 & 5 \\ 1 & 3 & -6 & 7 \\ -1 & -1 & 2 & -3 \end{pmatrix}$$

$$\xrightarrow[\substack{r_2 - 3r_1 \\ r_3 - r_1 \\ r_4 + r_1}]{} \begin{pmatrix} 1 & 1 & -2 & 3 \\ 0 & -2 & 4 & -4 \\ 0 & 2 & -4 & 4 \\ 0 & 0 & 0 & 0 \end{pmatrix} \xrightarrow{r_3 + r_2} \begin{pmatrix} 1 & 1 & -2 & 3 \\ 0 & -2 & 4 & -4 \\ 0 & 0 & 0 & 0 \\ 0 & 0 & 0 & 0 \end{pmatrix},$$

这是行阶梯形矩阵.

对上面的行阶梯形矩阵继续施行初等行变换:

$$\begin{pmatrix} 1 & 1 & -2 & 3 \\ 0 & -2 & 4 & -4 \\ 0 & 0 & 0 & 0 \\ 0 & 0 & 0 & 0 \end{pmatrix} \xrightarrow{-\frac{1}{2}r_2} \begin{pmatrix} 1 & 1 & -2 & 3 \\ 0 & 1 & -2 & 2 \\ 0 & 0 & 0 & 0 \\ 0 & 0 & 0 & 0 \end{pmatrix} \xrightarrow{r_1 - r_2} \begin{pmatrix} 1 & 0 & 0 & 1 \\ 0 & 1 & -2 & 2 \\ 0 & 0 & 0 & 0 \\ 0 & 0 & 0 & 0 \end{pmatrix},$$

这是行标准形.

2. 矩阵的秩

定义 1.11 设矩阵 A 经过若干次初等行变换化为行阶梯形矩阵 D,则称行阶梯形矩阵 D 的非零行的行数为矩阵 A 的秩,记作 $r(A)$.

矩阵的秩是矩阵的本质特性,对一个矩阵施行初等行变换不改变它的秩.因此,若两个矩阵 A 与 B 等价,则有 $r(A) = r(B)$.

例 2 求矩阵 $A = \begin{pmatrix} 3 & 3 & 3 \\ 0 & 1 & 2 \\ 1 & 2 & 3 \\ 3 & 4 & 5 \end{pmatrix}$ 的秩.

解 $A = \begin{pmatrix} 3 & 3 & 3 \\ 0 & 1 & 2 \\ 1 & 2 & 3 \\ 3 & 4 & 5 \end{pmatrix} \rightarrow \begin{pmatrix} 1 & 1 & 1 \\ 0 & 1 & 2 \\ 1 & 2 & 3 \\ 3 & 4 & 5 \end{pmatrix} \rightarrow \begin{pmatrix} 1 & 1 & 1 \\ 0 & 1 & 2 \\ 0 & 1 & 2 \\ 0 & 1 & 2 \end{pmatrix} \rightarrow \begin{pmatrix} 1 & 1 & 1 \\ 0 & 1 & 2 \\ 0 & 0 & 0 \\ 0 & 0 & 0 \end{pmatrix} = B.$

因为行阶梯形矩阵 B 的非零行的行数为 2,所以 $r(A)=2$.

习题 1-3

1. 指出下列矩阵哪些是行阶梯形矩阵,哪些是行标准形:

(1) $\begin{pmatrix} 1 & 0 & 0 \\ 0 & 1 & 2 \\ 0 & 0 & -4 \end{pmatrix}$; (2) $\begin{pmatrix} 1 & 1 & 1 \\ 0 & 2 & 2 \\ 0 & 3 & 3 \\ 0 & 0 & 4 \end{pmatrix}$; (3) $\begin{pmatrix} 1 & -3 & 0 \\ 0 & 0 & 1 \\ 0 & 0 & 0 \\ 0 & 0 & 0 \end{pmatrix}$.

2. 求下列矩阵的秩,并将它们化为行标准形:

(1) $\begin{pmatrix} 1 & 3 \\ -1 & -3 \\ 2 & 3 \end{pmatrix}$; (2) $\begin{pmatrix} 0 & 0 & 1 \\ 0 & 1 & 0 \\ 1 & 0 & 0 \end{pmatrix}$; (3) $\begin{pmatrix} 1 & -1 & 2 \\ 3 & -3 & 1 \\ -2 & 2 & -4 \end{pmatrix}$;

(4) $\begin{pmatrix} 1 & 1 & -3 & -1 \\ 3 & 1 & -3 & 3 \\ 1 & 3 & -9 & -7 \end{pmatrix}$; (5) $\begin{pmatrix} 1 & 1 & 1 & 1 \\ 0 & 1 & -1 & 2 \\ 2 & 4 & 0 & 6 \\ 3 & 4 & 2 & 5 \end{pmatrix}$.

§1.4 逆 矩 阵

一、逆矩阵的概念

看下面的例子.

设 $A = \begin{pmatrix} -2 & 3 \\ -5 & 7 \end{pmatrix}, B = \begin{pmatrix} 7 & -3 \\ 5 & -2 \end{pmatrix}$, 有

$$AB = BA = \begin{pmatrix} 1 & 0 \\ 0 & 1 \end{pmatrix} = E.$$

这时,称 A 是可逆的,B 是它的逆矩阵.

定义 1.12　设 A 为 n 阶方阵,若存在一个 n 阶方阵 B,使得
$$AB = BA = E, \tag{1-7}$$
则称 A 是**可逆的**,称 B 是 A 的**逆矩阵**,记为 A^{-1},即 $A^{-1} = B$.

由定义可知,如果 B 是 A 的逆矩阵,那么 A 也是 B 的逆矩阵,即 A,B 互为逆矩阵.设方阵 A 可逆,则式(1-7)又可写成
$$AA^{-1} = A^{-1}A = E.$$

利用定义可以证明逆矩阵有下列性质:

(1) 若 A 可逆,则 A 的逆矩阵是唯一的;

(2) 若 A 可逆,则 A^{-1} 也可逆,且 $(A^{-1})^{-1} = A$;

(3) 若 A 可逆,则 A^T 也可逆,且 $(A^T)^{-1} = (A^{-1})^T$;

(4) 若 A, B 均为 n 阶可逆矩阵,则 $(AB)^{-1} = B^{-1}A^{-1}$.

二、用初等行变换求逆矩阵

设 A 为 n 阶方阵,若 $r(A) = n$,则称 A 为**满秩矩阵**.可以证明,**方阵 A 有逆矩阵的充分必要条件是 A 为满秩矩阵**.若 A 有逆矩阵,则称 A 是**非奇异的**;否则,称 A 是**奇异的**.下面给出用初等行变换求逆矩阵的方法.

用初等行变换求 n 阶可逆方阵 A 的逆矩阵的步骤如下:

(1) 构造一个新的 $n \times 2n$ 矩阵 $(A \vdots E)$,该矩阵的左边是 A 的元素,右边是 n 阶单位阵 E 的元素;

(2) 对矩阵 $(A \vdots E)$ 作初等行变换,直到将 $(A \vdots E)$ 化为 $(E \vdots B)$,则 B 即为 A^{-1}.

例 1　试判断矩阵 $A = \begin{pmatrix} 1 & 2 & 3 \\ 2 & 1 & 2 \\ 1 & 3 & 4 \end{pmatrix}$ 是否有逆矩阵,若有,将其求出.

解　因为 $A = \begin{pmatrix} 1 & 2 & 3 \\ 2 & 1 & 2 \\ 1 & 3 & 4 \end{pmatrix} \to \begin{pmatrix} 1 & 2 & 3 \\ 0 & -3 & -4 \\ 0 & 1 & 1 \end{pmatrix} \to \begin{pmatrix} 1 & 2 & 3 \\ 0 & 1 & 1 \\ 0 & 0 & -1 \end{pmatrix}$,所以 $r(A) = 3$,A 是满秩矩阵,因此有逆矩阵.

$$(A \vdots E) = \begin{pmatrix} 1 & 2 & 3 & \vdots & 1 & 0 & 0 \\ 2 & 1 & 2 & \vdots & 0 & 1 & 0 \\ 1 & 3 & 4 & \vdots & 0 & 0 & 1 \end{pmatrix} \xrightarrow[r_3 - r_1]{r_2 + (-2)r_1} \begin{pmatrix} 1 & 2 & 3 & \vdots & 1 & 0 & 0 \\ 0 & -3 & -4 & \vdots & -2 & 1 & 0 \\ 0 & 1 & 1 & \vdots & -1 & 0 & 1 \end{pmatrix}$$

$$\xrightarrow{r_2 \leftrightarrow r_3} \begin{pmatrix} 1 & 2 & 3 & \vdots & 1 & 0 & 0 \\ 0 & 1 & 1 & \vdots & -1 & 0 & 1 \\ 0 & -3 & -4 & \vdots & -2 & 1 & 0 \end{pmatrix} \xrightarrow{r_3 + 3r_2} \begin{pmatrix} 1 & 2 & 3 & \vdots & 1 & 0 & 0 \\ 0 & 1 & 1 & \vdots & -1 & 0 & 1 \\ 0 & 0 & -1 & \vdots & -5 & 1 & 3 \end{pmatrix}$$

$$\xrightarrow{(-1)r_3} \begin{pmatrix} 1 & 2 & 3 & \vdots & 1 & 0 & 0 \\ 0 & 1 & 1 & \vdots & -1 & 0 & 1 \\ 0 & 0 & 1 & \vdots & 5 & -1 & -3 \end{pmatrix} \xrightarrow[r_1 + (-3)r_3]{r_2 - r_3} \begin{pmatrix} 1 & 2 & 0 & \vdots & -14 & 3 & 9 \\ 0 & 1 & 0 & \vdots & -6 & 1 & 4 \\ 0 & 0 & 1 & \vdots & 5 & -1 & -3 \end{pmatrix}$$

$$\xrightarrow{r_1+(-2)r_2}\begin{pmatrix}1 & 0 & 0 & -2 & 1 & 1\\ 0 & 1 & 0 & -6 & 1 & 4\\ 0 & 0 & 1 & 5 & -1 & -3\end{pmatrix},$$

于是，$A^{-1}=\begin{pmatrix}-2 & 1 & 1\\ -6 & 1 & 4\\ 5 & -1 & -3\end{pmatrix}$.

下面来看一个用逆矩阵解线性方程组的例子.

例 2 解线性方程组 $\begin{cases}x_1+2x_2+3x_3=1,\\ 2x_1+x_2+2x_3=3,\\ x_1+3x_2+4x_3=2.\end{cases}$

解 设 $A=\begin{pmatrix}1 & 2 & 3\\ 2 & 1 & 2\\ 1 & 3 & 4\end{pmatrix}$，$X=\begin{pmatrix}x_1\\ x_2\\ x_3\end{pmatrix}$，$B=\begin{pmatrix}1\\ 3\\ 2\end{pmatrix}$，则由矩阵的乘法和相等可知，原线性方程组可表示为 $AX=B$.

由上面例 1 可知，A 有逆矩阵，且 $A^{-1}=\begin{pmatrix}-2 & 1 & 1\\ -6 & 1 & 4\\ 5 & -1 & -3\end{pmatrix}$.

在 $AX=B$ 两端同时左乘 A^{-1}，得

$$A^{-1}(AX)=A^{-1}B, \quad EX=A^{-1}B, \quad 即 X=A^{-1}B.$$

把 A^{-1}，B 代入，得

$$X=\begin{pmatrix}x_1\\ x_2\\ x_3\end{pmatrix}=A^{-1}B=\begin{pmatrix}-2 & 1 & 1\\ -6 & 1 & 4\\ 5 & -1 & -3\end{pmatrix}\begin{pmatrix}1\\ 3\\ 2\end{pmatrix}=\begin{pmatrix}3\\ 5\\ -4\end{pmatrix},$$

即原方程组的解为 $x_1=3,x_2=5,x_3=-4$.

习 题 1-4

1. 判断下列方阵是否有逆矩阵，若有，将其求出.

(1) $\begin{pmatrix}1 & 2\\ 3 & -4\end{pmatrix}$；　　(2) $\begin{pmatrix}1 & -1\\ 3 & 6\end{pmatrix}$；　　(3) $\begin{pmatrix}1 & 2 & 3\\ 0 & 1 & 2\\ 0 & 0 & 1\end{pmatrix}$；

(4) $\begin{pmatrix}1 & 1 & 2\\ 2 & 2 & 4\\ 1 & 3 & 5\end{pmatrix}$；　　(5) $\begin{pmatrix}1 & -1 & 0\\ 5 & -4 & 1\\ 3 & -2 & 2\end{pmatrix}$；　　(6) $\begin{pmatrix}3 & 0 & 3 & 0\\ 0 & 3 & 0 & 3\\ 0 & 0 & 3 & 0\\ 0 & 0 & 0 & 3\end{pmatrix}$.

2. 用逆矩阵法求解线性方程组：

(1) $\begin{cases} x_1 - 3x_2 = 3, \\ 3x_1 - 8x_2 = 1; \end{cases}$ (2) $\begin{cases} x_1 - x_2 = 1, \\ x_1 + x_2 + 2x_3 = 3, \\ -x_1 + 2x_2 - x_3 = 2. \end{cases}$

3. 某工厂计划生产甲、乙、丙三种产品，每种产品生产一吨所需的原料数量如表 1-10 所示，已知现有原料量为钢材 13 吨、铜材 19 吨、燃料 23 吨。设甲、乙、丙三种产品的生产数量（单位：吨）分别为 x_1, x_2, x_3，为使现有原料恰好用完，试写出三种产品的生产数量 x_1, x_2, x_3 应满足的方程组，并利用逆矩阵求出方程组的解。

表 1-10 每种产品生产一吨所需的原料数量

产品 原料	甲	乙	丙
钢材	1	1	2
铜材	2	3	0
燃料	1	3	2

§1.5 解线性方程组

一、线性方程组的矩阵表示

线性方程组无论在理论上还是在实际中都有重要应用，本节将给出利用矩阵解线性方程组的方法以及线性方程组解的一些结论。

对于线性方程组

$$\begin{cases} a_{11}x_1 + a_{12}x_2 + \cdots + a_{1n}x_n = b_1, \\ a_{21}x_1 + a_{22}x_2 + \cdots + a_{2n}x_n = b_2, \\ \cdots\cdots \\ a_{m1}x_1 + a_{m2}x_2 + \cdots + a_{mn}x_n = b_m, \end{cases} \quad (1-8)$$

令 $\boldsymbol{A} = \begin{pmatrix} a_{11} & a_{12} & \cdots & a_{1n} \\ a_{21} & a_{22} & \cdots & a_{2n} \\ \vdots & \vdots & & \vdots \\ a_{m1} & a_{m2} & \cdots & a_{mn} \end{pmatrix}$, $\boldsymbol{X} = \begin{pmatrix} x_1 \\ x_2 \\ \vdots \\ x_n \end{pmatrix}$, $\boldsymbol{B} = \begin{pmatrix} b_1 \\ b_2 \\ \vdots \\ b_m \end{pmatrix}$，则线性方程组可用矩阵表示为 $\boldsymbol{AX} = \boldsymbol{B}$。

矩阵 $\boldsymbol{A}, \boldsymbol{X}$ 和 $\boldsymbol{B}$ 分别称为方程组 (1-8) 的系数矩阵、未知量矩阵和常数项矩阵。矩阵

$$(A \vdots B) = \begin{pmatrix} a_{11} & a_{12} & \cdots & a_{1n} & b_1 \\ a_{21} & a_{22} & \cdots & a_{2n} & b_2 \\ \vdots & \vdots & & \vdots & \vdots \\ a_{m1} & a_{m2} & \cdots & a_{mn} & b_m \end{pmatrix}$$

称为方程组(1-8)的**增广矩阵**. 可以看出,线性方程组(1-8)与增广矩阵$(A \vdots B)$是一一对应的,方程组(1-8)的解由$(A \vdots B)$确定.

特别地,在方程组(1-8)中,当$b_1 = b_2 = \cdots = b_m = 0$时,有

$$\begin{cases} a_{11}x_1 + a_{12}x_2 + \cdots + a_{1n}x_n = 0, \\ a_{21}x_1 + a_{22}x_2 + \cdots + a_{2n}x_n = 0, \\ \qquad \cdots \cdots \\ a_{m1}x_1 + a_{m2}x_2 + \cdots + a_{mn}x_n = 0. \end{cases} \quad (1-9)$$

方程组(1-9)称为**齐次线性方程组**. 可以看出,方程组(1-9)完全由系数矩阵A确定,因此它的解也完全由A来确定.

二、利用矩阵解线性方程组

1. 线性方程组解的结构定理

在中学,用消元法解线性方程组(1-8)时,经常对它进行以下三种同解变形:
(1) 互换两个方程的位置;
(2) 将一个方程的两端同乘一个非零常数k;
(3) 将一个方程的两端同乘非零常数k后与另一个方程相加.

从矩阵的角度来看,这三种变形相当于对方程组(1-8)的增广矩阵$(A \vdots B)$进行初等行变换.

> **定理1.3** 若对线性方程组(1-8)的增广矩阵$(A \vdots B)$进行若干次初等行变换后得到行阶梯形矩阵$(U \vdots V)$,则方程组$AX = B$与$UX = V$同解.

关于方程组(1-8)的解,有下面的定理.

> **定理1.4** 设n是方程组(1-8)中未知量的个数,则
> (1) 当$r(A \vdots B) \neq r(A)$时,方程组(1-8)无解;
> (2) 当$r(A \vdots B) = r(A) = n$时,方程组(1-8)有唯一解;
> (3) 当$r(A \vdots B) = r(A) < n$时,方程组(1-8)有无穷多解.

特别地,对于方程组(1-9)的解,有下面的结论成立.

> **定理1.5** 设n是方程组(1-9)中未知量的个数,则
> (1) 当$r(A) = n$时,方程组(1-9)有唯一解$x_1 = x_2 = \cdots = x_n = 0$,此解又称为零解;
> (2) 当$r(A) < n$时,方程组(1-9)有无穷多解,这时方程组有非零解.

由定理1.4可知,方程组(1-8)有解的充要条件是$r(A \vdots B) = r(A)$.

2. 利用矩阵解线性方程组

根据定理1.3和定理1.4,解线性方程组(1-8)可以按下面的步骤进行:

(1) 写出增广矩阵 $(A \vdots B)$,并对它进行初等行变换,将它化为行阶梯形矩阵,考察 $r(A)$ 与 $r(A \vdots B)$ 是否相等,从而判定方程组是否有解;

(2) 当方程组(1-8)有解时,将行阶梯形矩阵进一步化为行标准形 $(U \vdots V)$,并解出 $(U \vdots V)$ 对应的线性方程组 $UX = V$ 的解,则它就是原方程组(1-8)的解.

对于齐次线性方程组(1-9),只需对它的系数矩阵 A 施行初等行变换,将其化为行标准形,并解其对应的方程组即可得原方程组的解.

例1 解线性方程组 $\begin{cases} x_1 - x_2 = 2, \\ 3x_1 - 2x_2 + 2x_3 = 1, \\ 5x_1 - 4x_2 + x_3 = -1. \end{cases}$

解 $(A \vdots B) = \begin{pmatrix} 1 & -1 & 0 & \vdots & 2 \\ 3 & -2 & 2 & \vdots & 1 \\ 5 & -4 & 1 & \vdots & -1 \end{pmatrix} \xrightarrow[r_3 - 5r_1]{r_2 - 3r_1} \begin{pmatrix} 1 & -1 & 0 & \vdots & 2 \\ 0 & 1 & 2 & \vdots & -5 \\ 0 & 1 & 1 & \vdots & -11 \end{pmatrix}$

$\xrightarrow{r_3 - r_2} \begin{pmatrix} 1 & -1 & 0 & \vdots & 2 \\ 0 & 1 & 2 & \vdots & -5 \\ 0 & 0 & -1 & \vdots & -6 \end{pmatrix} \xrightarrow{(-1)r_3} \begin{pmatrix} 1 & -1 & 0 & \vdots & 2 \\ 0 & 1 & 2 & \vdots & -5 \\ 0 & 0 & 1 & \vdots & 6 \end{pmatrix},$

$r(A \vdots B) = r(A) = 3$,所以方程组有唯一解.继续对上面的行阶梯形矩阵进行初等行变换,把它化为行标准形:

$\begin{pmatrix} 1 & -1 & 0 & \vdots & 2 \\ 0 & 1 & 2 & \vdots & -5 \\ 0 & 0 & 1 & \vdots & 6 \end{pmatrix} \xrightarrow{r_2 - 2r_3} \begin{pmatrix} 1 & -1 & 0 & \vdots & 2 \\ 0 & 1 & 0 & \vdots & -17 \\ 0 & 0 & 1 & \vdots & 6 \end{pmatrix} \xrightarrow{r_1 + r_2} \begin{pmatrix} 1 & 0 & 0 & \vdots & -15 \\ 0 & 1 & 0 & \vdots & -17 \\ 0 & 0 & 1 & \vdots & 6 \end{pmatrix}.$

这个行标准形所对应的方程组为 $\begin{cases} x_1 = -15, \\ x_2 = -17, \\ x_3 = 6, \end{cases}$ 这就是原方程组的解.

例2 解线性方程组 $\begin{cases} -x_1 + 2x_2 - x_3 + 3x_4 = 3, \\ x_1 - 2x_2 + x_3 - x_4 = -1, \\ 2x_1 - 4x_2 + 2x_3 - 6x_4 = 4. \end{cases}$

解 $(A \vdots B) = \begin{pmatrix} -1 & 2 & -1 & 3 & \vdots & 3 \\ 1 & -2 & 1 & -1 & \vdots & -1 \\ 2 & -4 & 2 & -6 & \vdots & 4 \end{pmatrix} \xrightarrow{(-1)r_1} \begin{pmatrix} 1 & -2 & 1 & -3 & \vdots & -3 \\ 1 & -2 & 1 & -1 & \vdots & -1 \\ 2 & -4 & 2 & -6 & \vdots & 4 \end{pmatrix}$

$\xrightarrow[r_3 - 2r_1]{r_2 - r_1} \begin{pmatrix} 1 & -2 & 1 & -3 & \vdots & -3 \\ 0 & 0 & 0 & 2 & \vdots & 2 \\ 0 & 0 & 0 & 0 & \vdots & 10 \end{pmatrix},$

$r(A \vdots B) = 3, r(A) = 2.$ 由于 $r(A \vdots B) \neq r(A)$,所以方程组无解.这个结论也可以从初等行变换后所得行阶梯形矩阵对应的方程组

$$\begin{cases} x_1 - 2x_2 + x_3 - 3x_4 = -3, \\ 2x_4 = 2, \\ 0 = 10 \end{cases}$$

中看出,由于第 3 个方程是矛盾的,因此方程组无解.

例 3 解线性方程组 $\begin{cases} x_1 + 5x_2 - x_3 - x_4 = -1, \\ -2x_2 + 2x_3 + 4x_4 = 4, \\ x_1 + 4x_2 + x_4 = 1, \\ 2x_1 + 10x_2 - 2x_3 - 2x_4 = -2. \end{cases}$

解 $(A \vdots B) = \begin{pmatrix} 1 & 5 & -1 & -1 & -1 \\ 0 & -2 & 2 & 4 & 4 \\ 1 & 4 & 0 & 1 & 1 \\ 2 & 10 & -2 & -2 & -2 \end{pmatrix} \xrightarrow[r_4 - 2r_1]{r_3 - r_1} \begin{pmatrix} 1 & 5 & -1 & -1 & -1 \\ 0 & -2 & 2 & 4 & 4 \\ 0 & -1 & 1 & 2 & 2 \\ 0 & 0 & 0 & 0 & 0 \end{pmatrix}$

$\xrightarrow{\left(-\frac{1}{2}\right)r_2} \begin{pmatrix} 1 & 5 & -1 & -1 & -1 \\ 0 & 1 & -1 & -2 & -2 \\ 0 & -1 & 1 & 2 & 2 \\ 0 & 0 & 0 & 0 & 0 \end{pmatrix} \xrightarrow{r_3 + r_2} \begin{pmatrix} 1 & 5 & -1 & -1 & -1 \\ 0 & 1 & -1 & -2 & -2 \\ 0 & 0 & 0 & 0 & 0 \\ 0 & 0 & 0 & 0 & 0 \end{pmatrix},$

$r(A \vdots B) = r(A) = 2 < 4$,所以方程组有无穷多解.继续进行初等行变换:

$\xrightarrow{r_1 - 5r_2} \begin{pmatrix} 1 & 0 & 4 & 9 & 9 \\ 0 & 1 & -1 & -2 & -2 \\ 0 & 0 & 0 & 0 & 0 \\ 0 & 0 & 0 & 0 & 0 \end{pmatrix},$

这个行标准形对应的方程组为

$$\begin{cases} x_1 + 4x_3 + 9x_4 = 9, \\ x_2 - x_3 - 2x_4 = -2. \end{cases}$$

这个方程组有 4 个未知量、两个方程,因此有两个变量可以自由取值. x_1, x_2 为行标准形非零行的首非零元所对应的未知量,把它们作为**基变量**,而把 x_3, x_4 作为**自由变量**,不妨令 $x_3 = k_1, x_4 = k_2$,则方程组的解可表示为

$$\begin{cases} x_1 = 9 - 4k_1 - 9k_2, \\ x_2 = -2 + k_1 + 2k_2, \\ x_3 = k_1, \\ x_4 = k_2. \end{cases}$$ (其中 k_1, k_2 为任意常数)

这样的解又称为方程组的**一般解**.

一般地,当含有 n 个未知数的线性方程组有无穷多解时,通常把行标准形中各非零行的首非零元所对应的变量作为基变量,其余 $n - r(A)$ 个变量作为自由变量.

例 4 解线性方程组

$$\begin{cases} x_1 + x_2 - 3x_3 - x_4 = 0, \\ 3x_1 + x_2 - 3x_3 + 3x_4 = 0, \\ x_1 + 3x_2 - 9x_3 - 7x_4 = 0. \end{cases}$$

解 $A = \begin{pmatrix} 1 & 1 & -3 & -1 \\ 3 & 1 & -3 & 3 \\ 1 & 3 & -9 & -7 \end{pmatrix} \xrightarrow[r_3 + (-1)r_1]{r_2 + (-3)r_1} \begin{pmatrix} 1 & 1 & -3 & -1 \\ 0 & -2 & 6 & 6 \\ 0 & 2 & -6 & -6 \end{pmatrix}$

$\xrightarrow{(-\frac{1}{2})r_2} \begin{pmatrix} 1 & 1 & -3 & -1 \\ 0 & 1 & -3 & -3 \\ 0 & 2 & -6 & -6 \end{pmatrix} \xrightarrow{r_3 + (-2)r_2} \begin{pmatrix} 1 & 1 & -3 & -1 \\ 0 & 1 & -3 & -3 \\ 0 & 0 & 0 & 0 \end{pmatrix}$

$\xrightarrow{r_1 + (-1)r_2} \begin{pmatrix} 1 & 0 & 0 & 2 \\ 0 & 1 & -3 & -3 \\ 0 & 0 & 0 & 0 \end{pmatrix},$

由于 $r(A) = 2 < 4$,所以方程组有无穷多解.

原方程组的同解方程组为

$$\begin{cases} x_1 \qquad\quad + 2x_4 = 0, \\ x_2 - 3x_3 - 3x_4 = 0. \end{cases}$$

令 $x_3 = k_1, x_4 = k_2$,则原方程组的一般解为

$$\begin{cases} x_1 = -2k_2, \\ x_2 = 3k_1 + 3k_2, \\ x_3 = k_1, \\ x_4 = k_2. \end{cases} \quad (\text{其中 } k_1, k_2 \text{ 为任意常数}).$$

例5 某工厂生产甲、乙、丙三种产品,每单位产品所需要消耗原材料Ⅰ、Ⅱ、Ⅲ的数量及该厂现有原材料总量由表1-11给出.问:三种产品的生产量分别为多少时,三种原材料均恰好用完?

表 1-11 原材料消耗量及总量

	甲	乙	丙	原材料总量
原材料Ⅰ	1	3	2	17
原材料Ⅱ	4	2	1	20
原材料Ⅲ	2	5	3	28

解 设甲、乙、丙三种产品的生产量分别为 x_1, x_2, x_3 时,三种原材料均恰好用完,则根据表格建立方程组

$$\begin{cases} x_1 + 3x_2 + 2x_3 = 17, \\ 4x_1 + 2x_2 + x_3 = 20, \\ 2x_1 + 5x_2 + 3x_3 = 28. \end{cases}$$

利用初等行变换解这个方程组:

$$(A \mid B) = \begin{pmatrix} 1 & 3 & 2 & \vdots & 17 \\ 4 & 2 & 1 & \vdots & 20 \\ 2 & 5 & 3 & \vdots & 28 \end{pmatrix} \rightarrow \begin{pmatrix} 1 & 3 & 2 & \vdots & 17 \\ 0 & -10 & -7 & \vdots & -48 \\ 0 & -1 & -1 & \vdots & -6 \end{pmatrix}$$

$$\rightarrow \begin{pmatrix} 1 & 3 & 2 & \vdots & 17 \\ 0 & 1 & 1 & \vdots & 6 \\ 0 & -10 & -7 & \vdots & -48 \end{pmatrix} \rightarrow \begin{pmatrix} 1 & 3 & 2 & \vdots & 17 \\ 0 & 1 & 1 & \vdots & 6 \\ 0 & 0 & 3 & \vdots & 12 \end{pmatrix}$$

$$\rightarrow \begin{pmatrix} 1 & 3 & 2 & \vdots & 17 \\ 0 & 1 & 1 & \vdots & 6 \\ 0 & 0 & 1 & \vdots & 4 \end{pmatrix} \rightarrow \begin{pmatrix} 1 & 3 & 0 & \vdots & 9 \\ 0 & 1 & 0 & \vdots & 2 \\ 0 & 0 & 1 & \vdots & 4 \end{pmatrix} \rightarrow \begin{pmatrix} 1 & 0 & 0 & \vdots & 3 \\ 0 & 1 & 0 & \vdots & 2 \\ 0 & 0 & 1 & \vdots & 4 \end{pmatrix},$$

这个行标准形所对应的方程组为 $\begin{cases} x_1 = 3, \\ x_2 = 2, \\ x_3 = 4, \end{cases}$ 即为原方程组的解. 因此, 甲、乙、丙三种产品的生产量分别为 3, 2, 4 时, 三种原材料均恰好用完.

习 题 1-5

1. 解下列线性方程组:

(1) $\begin{cases} x_1 - x_2 - 5x_3 = 7, \\ 2x_1 + 4x_2 \quad\quad = 10, \\ x_1 - 2x_2 + 2x_3 = -1; \end{cases}$

(2) $\begin{cases} x_1 + 3x_2 + x_3 + 2x_4 = 4, \\ 3x_1 + 4x_2 + 2x_3 - 3x_4 = 6, \\ -x_1 - 5x_2 + 4x_3 + x_4 = 11, \\ 2x_1 + 7x_2 + x_3 - 6x_4 = -5; \end{cases}$

(3) $\begin{cases} 3x_1 - 2x_2 + 5x_3 + 4x_4 = 2, \\ 6x_1 - 7x_2 + 4x_3 + 3x_4 = 3, \\ 9x_1 - 9x_2 + 9x_3 + 7x_4 = -1; \end{cases}$

(4) $\begin{cases} x_1 + 2x_2 - x_3 - 2x_4 = 0, \\ 2x_1 - x_2 - x_3 + x_4 = 1, \\ 3x_1 + x_2 - 2x_3 - x_4 = 1; \end{cases}$

(5) $\begin{cases} x_1 + x_2 + 2x_3 + 3x_4 = 1, \\ \quad\quad x_2 + x_3 - 4x_4 = 1, \\ x_1 + 2x_2 + 3x_3 - x_4 = 4, \\ 2x_1 + 3x_2 - x_3 - x_4 = -6; \end{cases}$

(6) $\begin{cases} x_1 - 2x_2 + 5x_3 = 0, \\ -x_1 + x_2 - 2x_3 = 0, \\ x_1 \quad\quad - x_3 = 0, \\ x_1 + 2x_2 - 7x_3 = 0; \end{cases}$

(7) $\begin{cases} x_1 + 2x_2 - 6x_3 = 0, \\ -2x_1 + 3x_2 - 7x_3 = 0, \\ x_1 \quad\quad - x_3 = 0, \\ 2x_1 - 2x_2 + 4x_3 = 0; \end{cases}$

(8) $\begin{cases} x_1 + 5x_2 - x_3 - x_4 = -1, \\ x_1 - 2x_2 + x_3 + 3x_4 = 3, \\ 3x_1 + 8x_2 - x_3 + x_4 = 1, \\ x_1 - 9x_2 + 3x_3 + 7x_4 = 7. \end{cases}$

2. 某食品厂生产甲、乙、丙三种食品原料, 各原料中蛋白质、脂肪、淀粉及其他成分的含量如下表所示:

含量 原料	蛋白质	脂肪	淀粉及其他
甲	40%	10%	50%
乙	25%	0	75%
丙	45%	20%	35%

将这三种原料混合制成一种食品 100 kg,要求制作的食品含量如下:蛋白质 31.5 kg、脂肪 5 kg、淀粉及其他成分 63.5 kg. 问:应取三种原料各多少千克?

复习题 1

1. 判断正误：

(1) 若 A,B 均为 n 阶方阵,则 $AB = BA$;

(2) 若方程组 $AX = B$ 有解,则 $r(A \vdots B) = r(A)$;

(3) 初等行变换不会改变矩阵的秩;

(4) $(AB)^3 = A^3 B^3$;

(5) 若行列式 D 的某两行(列)元素对应成比例,则 $D = 0$;

(6) 互换行列式的某两行(列),行列式的值不变.

2. 已知 $A = \begin{pmatrix} 1 & -4 & 6 \\ -2 & 0 & 3 \end{pmatrix}$, $B = \begin{pmatrix} 2 & -3 & -1 \\ 0 & 5 & 3 \end{pmatrix}$,求：

(1) $A + B$; (2) $2A + 3B$; (3) $A B^{\mathrm{T}}$.

3. 计算：

(1) $\begin{pmatrix} 4 & 6 \\ 0 & -3 \\ 1 & 5 \end{pmatrix} \begin{pmatrix} 2 & -1 & -1 \\ 7 & -6 & 0 \end{pmatrix}$;

(2) $\begin{pmatrix} 4 & -1 & -3 \\ 5 & -2 & 0 \end{pmatrix} \begin{pmatrix} 1 & 0 & 4 \\ 2 & -1 & 0 \\ 3 & 2 & -1 \end{pmatrix}$;

(3) $\begin{pmatrix} 5 & -2 \\ 0 & 3 \end{pmatrix}^2$;

(4) $(8 \quad 0 \quad -4) \begin{pmatrix} 2 \\ -3 \\ 5 \end{pmatrix}$;

(5) $\begin{pmatrix} 11 \\ 3 \\ 1 \end{pmatrix} (1 \quad 2 \quad 5)$;

(6) $\begin{pmatrix} 1 & 0 & 2 \\ 2 & -1 & 3 \\ 4 & 1 & 8 \end{pmatrix} \begin{pmatrix} 1 & 0 \\ -1 & 2 \\ 0 & -3 \end{pmatrix} \begin{pmatrix} 2 & -1 \\ 1 & 3 \end{pmatrix}$.

4. 求下列矩阵的逆矩阵：

(1) $\begin{pmatrix} 7 & 4 \\ 2 & 3 \end{pmatrix}$;

(2) $\begin{pmatrix} 1 & -2 & -4 \\ 0 & 1 & 6 \\ 0 & 0 & 1 \end{pmatrix}$;

(3) $\begin{pmatrix} 1 & -1 & 2 \\ 0 & 1 & -1 \\ 2 & 1 & 0 \end{pmatrix}$;

(4) $\begin{pmatrix} 1 & 2 & 3 & 4 \\ 2 & 3 & 1 & 2 \\ 1 & 1 & 1 & -1 \\ 1 & 0 & -2 & -6 \end{pmatrix}$.

5. 解线性方程组：

(1) $\begin{cases} x_1 - 2x_2 + x_3 = -11, \\ 2x_1 - x_2 + 4x_3 = -13, \\ 3x_1 + 2x_2 + 2x_3 = 10; \end{cases}$

(2) $\begin{cases} x_1 + x_2 + x_3 + x_4 = 9, \\ x_1 + 2x_2 - x_3 + 4x_4 = 22, \\ 2x_1 - 3x_2 - x_3 - 5x_4 = -10, \\ -3x_1 + x_2 + 2x_3 + 5x_4 = 0; \end{cases}$

(3) $\begin{cases} -x_1 + 2x_2 - x_3 + 3x_4 = 3, \\ x_1 - 2x_2 + x_3 - x_4 = -1, \\ 2x_1 - 4x_2 + 2x_3 - 6x_4 = 4; \end{cases}$

(4) $\begin{cases} x_1 + 5x_2 - x_3 - x_4 = -1, \\ x_1 + 4x_2 + x_4 = 1, \\ -2x_2 + 2x_3 + 4x_4 = 4, \\ 2x_1 + 10x_2 - 2x_3 - 2x_4 = -2; \end{cases}$

(5) $\begin{cases} x_1 - x_2 - x_3 + 3x_4 = 0, \\ 2x_1 - 2x_2 + 3x_3 + x_4 = 0, \\ -2x_2 - 11x_3 + 3x_4 = 0; \end{cases}$

(6) $\begin{cases} x_1 - 2x_2 + 4x_3 = 0, \\ -x_1 + 3x_2 - 3x_3 = 0, \\ x_2 + x_3 = 0, \\ 2x_1 - 3x_2 + 9x_3 = 0. \end{cases}$

6. 计算下列行列式的值：

(1) $\begin{vmatrix} 5 & 3 \\ 1 & -2 \end{vmatrix}$;

(2) $\begin{vmatrix} 2 & 1 & 2 \\ 14 & 1 & 4 \\ 6 & 3 & 6 \end{vmatrix}$;

(3) $\begin{vmatrix} 1 & 4 & 9 \\ 4 & 9 & 16 \\ 9 & 16 & 25 \end{vmatrix}$;

(4) $\begin{vmatrix} a & b & c & d \\ 0 & b & c & d \\ 0 & 0 & c & d \\ 0 & 0 & 0 & d \end{vmatrix}$;

(5) $\begin{vmatrix} 1 & -2 & 5 & 0 \\ -2 & 3 & -8 & -1 \\ 3 & 1 & -2 & 4 \\ 1 & 4 & 2 & -5 \end{vmatrix}$.

第 2 章 数据处理

在日常生活和经济管理中,经常遇到大量数据,如何处理这些看似"无规律性"的数据是统计分析和解决实际问题的关键.本章的中心任务就是对收集到的数据进行适当处理,从而发现其一定的统计规律性,为后续概率和统计分析做准备.为此,本章主要介绍:描述数据集中位置的平均数、中位数和众数,描述数据离中趋势的极差和方差,频数直方图和频率直方图.

§2.1 数据的主要特征描述

在对数据的处理中,人们通常关心数据的集中位置以及数据的离散程度,下面分别介绍用来描述一组数据的集中位置以及离中趋势的几个参数.

一、数据集中位置的描述

在实际问题中,常用平均数、中位数和众数来描述数据的集中位置.

1. 平均数

1)简单算术平均数

> 设有 n 个数的一组数据 $x_1, x_2, \cdots, x_n$,则称
> $$\bar{x} = \frac{x_1 + x_2 + \cdots + x_n}{n} = \frac{1}{n}\sum_{i=1}^{n} x_i \qquad (2-1)$$
> 为这组数据的**平均数**,其中 $\bar{x}$ 是平均数的记号,n 为数据的个数.这样的平均数又称为**简单算术平均数**.

例如,某公司 4 名销售人员某天的销售额(单位:元)分别为 200,180,30,270,则这 4 名销售人员这天的平均销售额为
$$\bar{x} = \frac{200 + 180 + 30 + 270}{4} = 170(元).$$

2)加权平均数

当数据较多时,常常要对数据进行整理.设一组数据中不同的数有 k 个,分别为 $x_1, x_2, \cdots, x_k$,对应出现的频数(即次数)分别为 $f_1, f_2, \cdots, f_k$,则这组数据的平均数为

$$\bar{x} = \frac{x_1 f_1 + x_2 f_2 + \cdots + x_k f_k}{f_1 + f_2 + \cdots + f_k} = \frac{\sum\limits_{i=1}^{k} x_i f_i}{\sum\limits_{i=1}^{k} f_i}, \qquad (2-2)$$

这样的平均数又称为**加权平均数**.

例 1 某电脑公司售出的 3 种品牌电脑的价格和数量如表 2-1 所示,那么这 3 种品牌电脑的平均售价是多少?

表 2-1 电脑的价格和数量表

	联想	方正	DELL
价格 x(元)	4000	3800	4200
数量 f(台)	3	5	2

解 由题意可得,
$$\bar{x} = \frac{4000 \times 3 + 3800 \times 5 + 4200 \times 2}{3 + 5 + 2} = 3940(元),$$
即这 3 种品牌电脑的平均售价是 3940 元.

2. 中位数

一组数据从小到大排列后,处于中间位置的那个数,称为**中位数**,记作 M_e. 如果数据的个数为奇数,那么中间那个数就是这组数据的中位数;如果数据的个数为偶数,那么中间两个数的平均值就是这组数据的中位数. 中位数将全部数据等分成两部分,一部分比中位数大,一部分比中位数小,它是一个位置平均数. 寻找一组数据的中位数时,首先应将数据进行排序.

例 2 找出下列各组数据的中位数:

(1) 有 5 个工人生产某种产品,他们的日产量(单位:件)分别是 4,5,7,7,11;

(2) 某公司销售部有 5 个职员和 1 个经理,他们的工资(单位:元)分别为 3000,1500,2000,4000,1000,20000.

解 (1) 这组数据共有 5 个,则中间的那个数 7 就是这组数据的中位数,即 $M_e = 7$(件).

(2) 将工资数据从小到大排列为 1000,1500,2000,3000,4000,20000. 由于数据有偶数个,所以中位数是第 3 个数和第 4 个数的平均数,即
$$M_e = \frac{2000 + 3000}{2} = 2500(元).$$

对于第二个问题,进一步计算可得 6 个人的平均工资为
$$\bar{x} = \frac{1000 + 1500 + 2000 + 3000 + 4000 + 20000}{6} = 5250(元).$$

可以看出,中位数更能反映这 6 个人的平均工资水平.造成这一结果的原因是 6 个人的实际工资差距比较大,这时平均数就不如中位数更能反映数据的平均水平.这也是美国在统计全民平均收入时使用的是中位数而不是平均数的原因.

3. 众数

一组数据中出现频数最多的那个数称为这组数据的**众数**,记作 M_o. 在统计中,有时利用众数来说明社会现象的一般水平.

例如,在对 10 个地区的调查中发现,某产品在各地区的销售价格(单位:元)分别为 20,18,20,21,22,20,20,20,18,19. 显然,这种产品的销售价格的众数为 20,即 $M_o=20$,可以认为此产品销售价格的一般水平为 20 元.

需要指出的是,一组数据可能不存在众数,也可能存在两个或两个以上的众数. 这里不再一一举例说明,留给读者自己思考举例.

二、数据离中趋势的描述

数据的离散程度也称为**离中趋势**,它反映的是各数值远离其中心值的程度. 数据的离散程度越大,数据的集中位置对该组数据的代表性就越差;离散程度越小,其代表性就越好. 描述数据离中趋势的指标主要有极差、方差和标准差.

1. 极差

一组数据的最大值与最小值之间的差称为**极差**,记作 R,即

$$R = \max_{1 \leq i \leq n} \{x_i\} - \min_{1 \leq i \leq n} \{x_i\}.$$

极差又称全距. 显然,极差越小,数据越密集.

例如,已知 5 名工人的日产量(单位:件)分别是 4,5,7,7,11,则日产量数据的极差为 $R = 11 - 4 = 7$(件).

2. 方差

设有 n 个数的一组数据 $x_1, x_2, \cdots, x_n$,则称

$$\frac{1}{n-1} \sum_{i=1}^{n} (x_i - \bar{x})^2 \tag{2-3}$$

为这组数据的**方差**,记作 s^2,即 $s^2 = \frac{1}{n-1} \sum_{i=1}^{n} (x_i - \bar{x})^2$,其中 $\bar{x}$ 表示该组数据的平均数.

对于有 k 个不同数值 $x_1, x_2, \cdots, x_k$,对应出现的频数分别为 $f_1, f_2, \cdots, f_k$ 的一组数据,

$$s^2 = \frac{\sum_{i=1}^{k} (x_i - \bar{x})^2 \cdot f_i}{\sum_{i=1}^{k} f_i - 1}, \tag{2-4}$$

其中 $\bar{x}$ 为这组数据的平均数.

3. 标准差

方差的算术平方根称为**标准差**,计算公式为

$$s = \sqrt{\frac{\sum_{i=1}^{n} (x_i - \bar{x})^2}{n-1}} \quad \text{或} \quad s = \sqrt{\frac{\sum_{i=1}^{k} (x_i - \bar{x})^2 \cdot f_i}{\sum_{i=1}^{k} f_i - 1}}. \tag{2-5}$$

标准差是衡量数据离中趋势的最重要指标,它反映了各个数值对其算术平均数的平均离差.

例 3 已知表 2-2 给出了甲、乙两地某年 12 个月的月平均气温(单位:℃),试利用平均数和标准差分析两地的气温状况.

表 2-2 甲、乙两地的月平均气温

月份	1	2	3	4	5	6	7	8	9	10	11	12
甲地	15	19	20	21	21	22	23	24	23	20	17	15
乙地	-18	-17	20	29	34	38	37	32	30	29	18	5

解 首先分别计算甲、乙两地 12 个月的月平均气温的平均值,即甲、乙两地的年平均气温:

$$\bar{x}_{甲} = \frac{1}{12}(15 + 19 + 20 + \cdots + 17 + 15) = 20(℃),$$

$$\bar{x}_{乙} = \frac{1}{12}(-18 - 17 + 20 + \cdots + 18 + 5) = 19.75(℃).$$

由计算结果可以看出,甲、乙两地的年平均气温相差不大,但从表中的数据可以看出,甲地的气温一年中变化不大,而乙地的气温一年中变化非常大.所以,下面再来计算甲、乙两地数据的方差和标准差并进行比较.

$$s_{甲}^2 = \frac{1}{12-1}[(15-20)^2 + (19-20)^2 + \cdots + (17-20)^2 + (15-20)^2] = 9.0909,$$

$$s_{乙}^2 = \frac{1}{12-1}[(-18-19.75)^2 + (-17-19.75)^2 + \cdots$$
$$+ (18-19.75)^2 + (5-19.75)^2]$$
$$= 386.9318.$$

$$s_{甲} = 3.0151(℃), \quad s_{乙} = 19.6706(℃).$$

从计算结果可以看出,乙地气温的方差和标准差都远远大于甲地,这表明乙地气温数据的分散程度远大于甲地,这与实际情况是相符的.

例 4 在对软件编程人员的年龄结构的调查中,共调查了 200 人,其年龄情况如表 2-3 所示(前两列),求他们年龄的标准差.

解 由式(2-2),得

$$\bar{x} = \frac{\sum_{i=1}^{5} x_i f_i}{\sum_{i=1}^{5} f_i} = \frac{5400}{200} = 27(岁).$$

为了计算标准差,需要计算 $(x_i - \bar{x})^2$ 和 $(x_i - \bar{x})^2 \cdot f_i$,将具体数值代入公式,得到结果如表 2-3 所示(后两列).于是,根据式(2-5)可得标准差为

$$s = \sqrt{\frac{\sum_{i=1}^{5}(x-\bar{x})^2 \cdot f_i}{\sum_{i=1}^{5} f_i - 1}} = \sqrt{\frac{620}{200-1}} \approx 1.7651(岁).$$

表 2-3 软件编程人员的年龄情况表

年龄(x_i,岁)	人数(f_i,人)	$(x_i-\bar{x})^2$	$(x_i-\bar{x})^2 \cdot f_i$
26	100	1	100
27	60	0	0
28	25	1	25
30	10	9	90
36	5	81	405
合计	200	92	620

关于均值和方差在统计推断中的应用,我们将在第 5 章学习.

习 题 2-1

1. 某厂有 100 名工人,下表是该厂工人日产量的统计表.

日产量(件)	工人数(人)
20	10
30	10
40	30
50	40
60	10

求该工厂工人的平均日产量以及日产量的中位数、众数.

2. 某钢管厂检测一批钢管的直径是否达到要求,随机抽取了 10 根进行检测,其直径(单位:cm)分别为

  2, 2.1, 2.2, 1.8, 1.9, 2, 1.9, 2.1, 2.1, 1.9.

试求这 10 根钢管直径的极差、方差和标准差.

3. 设某试验测得的一组数据为

  78.2, 88.2, 79.3, 80.5, 83.4, 81.2, 76.3, 86.5,

试求这组数据的

(1)平均值; (2)中位数; (3)极差; (4)方差及标准差.

4. 假设两组学生的数学考试成绩如下:

  第一组:61, 73, 75, 83, 75, 87, 76, 95, 65, 78;

  第二组:59, 70, 77, 86, 65, 73, 87, 83, 91, 85.

试分别求两组学生成绩的平均值和标准差.

§2.2 频数直方图和频率直方图

一、数据的分组

数据的分组是指按照某种标准将原始数据划分为若干个组,并统计出数据落在各组中的**频数**(即次数)和**频率**(即频数/全部数据的个数). 常见的数据分组方法有两种:单变量值分组和组距式分组,最常用的是组距式分组.

1. 单变量值分组

单变量值分组是把一个变量值作为一组的分组方法,这种分组方法通常适用于离散变量且变量值较少的情形. 例如,如果学生的"应用统计"成绩以 5 分制计算,那么根据成绩值将某班学生的"应用统计"成绩分组,得到如表 2-4 所示的分组数据统计表.

表 2-4 "应用统计"成绩的分组数据统计表

成绩分组	频数(人)	频率(%)
5	14	17.50
4	32	40.00
3	29	36.25
2	5	6.25
1	0	0
0	0	0
合计	80	100

2. 组距式分组

组距式分组是将全部变量值依次划分为若干区间,并将同一区间的变量值作为一组. 一个组的最小值称为**下限**,最大值称为**上限**,区间的长度称为**组距**.

在连续变量或变量值较多的情形下,常采用组距式分组. 组距式分组分为**等距分组**和**异距分组**两种. 各组的组距均相等时称为等距分组,组距不全相等时称为异距分组. 一般地,当数据变动较均匀时常采用等距分组,如职工的工资收入、考生的分数等;当数据变动不均匀、变动幅度很大时可以采用异距分组,如城市按人口分组、油田按原油开采量分组等. 实际问题中,绝大部分数据常采用等距分组.

等距分组的步骤如下:

(1)确定组数. 一组数据分多少组合适,要根据数据的多少和特点来确定. 组数太少,数据的分布就会过于集中,组数太多,数据的分布就会过于分散,这些都不利于观察数据分布的特征和规律. 一般情形下,一组数据所分的组数应不少于 5 且不多于 15.

(2)确定组距. 组距是一个组的上限与下限的差. 等距分组时,组距可根据全部数据的最大值和最小值及所分的组数来确定,计算公式为

$$\text{组距} = \frac{\text{最大值} - \text{最小值}}{\text{组数}} = \frac{\text{全距}}{\text{组数}}.$$

实际中,常取比数据的最小值稍小的数 a 作为全部数据的下限,比数据的最大值稍大的数 b 作为全部数据的上限,此时

$$\text{组距} = \frac{b-a}{\text{组数}}.$$

(3) 确定组限. 等距分组情形下,当组数、组距确定后,就可以确定每组的下限和上限了. 一般规定:每组的值"上限不在内,下限在内",即每个组区间均为左闭右开区间.

(4) 确定组中值. 各组的组中值是指该组上限与下限和的一半,即

$$\text{组中值} = \frac{\text{上限} + \text{下限}}{2}.$$

(5) 统计数据落在各组中的频数和频率. 当组区间确定后,就可统计出数据落在各组中的次数,即频数,再将各组的频数除以全部数据的个数即可计算出数据落在各组中的频率.

例 1 在对 30 人进行的智力测验中,测得分数如表 2-5 所示,试对这组数据进行等距分组.

表 2-5 30 人的智力分数表

112	108	110	124	111	80	91	86	118	90
113	100	110	98	94	82	122	114	104	99
88	79	90	102	106	86	123	116	78	107

解 (1) 根据表中的数据特点,采用等距分组,将数据分为 6 组,取 $a = 70, b = 130$,则组距 $= \frac{130 - 70}{6} = 10$,各组的下限、上限和组中值如表 2-6 所示.

(2) 统计出表 2-5 中的数据落在各区间的频数,并计算出频率,如表 2-6 所示.

表 2-6 分组数据统计表

组区间	组中值	组频数	组频率(%)
70 ~ 80	75	2	6.7
80 ~ 90	85	5	16.7
90 ~ 100	95	6	20.00
100 ~ 110	105	6	20.00
110 ~ 120	115	8	26.7
120 ~ 130	125	3	10.00

二、频数分布表和频数直方图

对于组距式分组,称组频数与组距之比为**频数密度**,组频率与组距之比为**频率密度**,即

$$频数密度 = \frac{组频数}{组距}, \quad 频率密度 = \frac{组频率}{组距}.$$

将分组后的组区间、组中值、组频数、频数密度等数据制成表格,该表格称为**频数分布表**.

例如,按照定义计算出例 1 中各组数据的频数密度之后,得到的频数分布表如表 2-7 所示.

表 2-7 例 1 数据分组后的频数分布表

组区间	组中值	组频数	频数密度
70~80	75	2	0.2
80~90	85	5	0.5
90~100	95	6	0.6
100~110	105	6	0.6
110~120	115	8	0.8
120~130	125	3	0.3

用横轴表示数据、纵轴表示频数密度,在横轴上以组中值为中点、组距为底边,以每组的频数密度为高作矩形,得到的图称为**频数直方图**.利用表 2-7 中的数据作例 1 的频数直方图,如图 2-1 所示.

说明:当数据采用等距分组时,也可以直接用各组的频数作为小矩形的高来作频数直方图.

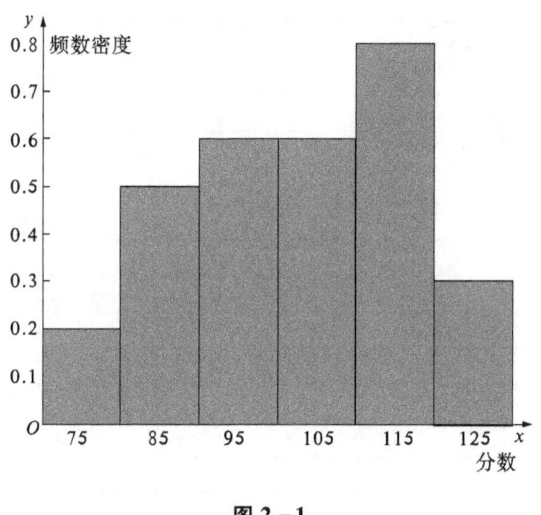

图 2-1

三、频率分布表和频率直方图

将分组后的组区间、组中值、组频率、频率密度等数据制成表格,该表格称为**频率分布表**.

用横轴表示数据、纵轴表示频率密度,在横轴上以组中值为中点、组距为底边,以每组的频率密度为高作矩形,得到的图称为**频率直方图**.

例 2 从某厂生产的某种袋装食品中随机抽取 120 袋,测得其质量(单位:g)如表 2-8 所示. 试列出频率分布表,并作出频率直方图.

表 2-8 120 袋食品的质量

200	202	203	208	216	206	222	213	209	219
216	203	197	208	206	209	206	208	202	203
206	213	218	207	208	202	194	203	213	211
193	213	208	208	204	206	204	206	208	209
213	203	206	207	196	201	208	207	213	208
210	208	211	211	214	220	211	203	216	221
211	209	218	214	219	211	208	221	211	218
218	190	219	211	208	199	214	207	207	214
206	217	214	201	212	213	211	212	216	206
210	216	204	221	208	209	214	214	199	204
211	201	216	211	209	208	209	202	211	207
220	205	206	216	213	206	206	207	200	198

解 从表 2-8 中的数据可以看出,这 120 个数据的最大值为 222,最小值为 190,取 $a=189.5, b=222.5$,然后将区间 $[189.5, 222.5]$ 等分成 11 个小区间,组距为 3. 依次算出各小区间的下限、上限和组中值,填入表 2-9 的第 1 列和第 2 列.

表 2-9 120 袋食品质量的频率分布表

组区间	组中值 $\bar{x}_i$	组频数	组频率	频率密度
189.5~192.5	191	1	0.0083	0.0028
192.5~195.5	194	2	0.0167	0.0056
195.5~198.5	197	3	0.025	0.0083
198.5~201.5	200	7	0.0583	0.0194
201.5~204.5	203	14	0.1167	0.0389
204.5~207.5	206	20	0.1667	0.0556
207.5~210.5	209	23	0.1917	0.0639
210.5~213.5	212	22	0.1833	0.0611
213.5~216.5	215	14	0.1167	0.0389
216.5~219.5	218	8	0.0667	0.0222
219.5~222.5	221	6	0.05	0.01667
合计		120	1	

统计表 2-8 中的数据落在各组中的频数,并将频数除以 120 得到频率,再将频率除以组距 3 得出各组的频率密度,将它们填入表 2-9 的第 3~5 列,得到频率分布表 2-9. 根据频率分布表作出频率直方图,如图 2-2 所示.

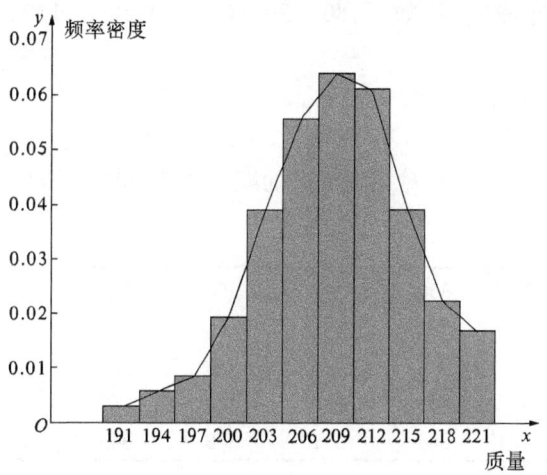

图 2-2

从图 2-2 可以看出，频率直方图呈中间高、两头低的"钟形"．以组中值为横坐标、频率密度为纵坐标，作出一条折线，如图 2-2 所示．实际经验告诉我们：忽略其他次要因素的影响，对于同一种袋装食品，当抽取所得质量数据无限多时，这条折线无限接近于一条光滑曲线．这条曲线称为食品质量分布的密度曲线，这种曲线在概率上又称为正态分布曲线．有关正态分布的知识，我们将在第 4 章介绍．

习 题 2-2

1. 某班级 60 名学生的期末成绩如下表所示：

成绩分组	学生数(人)
20~40	9
40~60	17
60~80	22
80~100	12

(1) 作出频数直方图；
(2) 作出频率直方图．

2. 企业机械加工车间有 40 名工人，他们上月的生产定额完成百分比如下：

98	81	110	105	107	100	108	110	109	120
121	103	124	104	105	112	103	100	122	126
114	92	88	100	117	114	95	103	119	127
82	119	135	132	93	102	106	109	116	125

(1) 列出频数分布表,分组如下：80~90,90~100,100~110,110~120,120~130, 130~140；

(2) 作出频数直方图；

(3) 作出频率直方图.

3. 食品厂为加强质量管理,对某天生产的罐头抽查 50 个,测得罐头的净重(单位:g)如下：

350	350	358	350	342	350	351	352	351	352
351	341	360	346	339	346	351	349	355	350
355	349	347	358	340	346	345	359	341	364
348	349	350	350	336	344	352	356	357	352
347	350	342	344	357	348	345	348	356	351

(1) 取 $a=335, b=365$,将区间 $[335,365]$ 等分成 6 个小区间,列出表中 50 个数据落在各区间的频率分布表；

(2) 作出频数直方图；

(3) 作出频率直方图.

复习题 2

1. 体操比赛中,8 名裁判给某选手的评分为

   9.6, 9.7, 9.7, 9.6, 9.8, 9.5, 9.6, 9.6.

(1) 求这 8 名裁判所给分数的平均值和方差；

(2) 按照去掉一个最高分且去掉一个最低分的规则,重新计算评分的平均值和方差；

(3) 你认为将哪种方法计算的平均评分作为该选手的最后得分更合理,为什么？

2. 某集团下属三个公司 A、B、C 的利润情况如下表所示：

公司	资金利润率(%)	利润总额(万元)
A	10	6
B	16	12
C	12	36

求该集团的平均资金利润率.

3. 有两种股票 A 和 B,它们在 5 天内的收盘价(单位:元)如下：

    A：7.8, 7.9, 7.8, 7.7, 7.8；

    B：7.8, 6.6, 7.4, 8.2, 9.0.

分别计算这两种股票 5 天内的平均收盘价和标准差. 从中会得出什么结论？

4. 某项试验测得 100 个数据如下：

0.253	0.222	0.267	0.278	0.269	0.315	0.235	0.295	0.238	0.275
0.289	0.265	0.248	0.256	0.295	0.259	0.272	0.281	0.261	0.305
0.251	0.231	0.278	0.251	0.280	0.263	0.257	0.278	0.246	0.285
0.254	0.249	0.302	0.250	0.271	0.260	0.258	0.272	0.253	0.284
0.255	0.290	0.271	0.259	0.257	0.273	0.246	0.233	0.249	0.270
0.266	0.279	0.242	0.220	0.258	0.271	0.257	0.273	0.274	0.244
0.288	0.259	0.270	0.241	0.273	0.296	0.248	0.244	0.300	0.254
0.277	0.244	0.268	0.261	0.253	0.282	0.282	0.256	0.283	0.263
0.252	0.281	0.236	0.230	0.258	0.255	0.286	0.260	0.278	0.272
0.248	0.279	0.297	0.270	0.213	0.261	0.231	0.264	0.273	0.296

（1）计算这 100 个数据的平均数、方差和标准差；

（2）取 $a=0.210, b=0.320$，将区间 $[0.210, 0.320]$ 等分成 10 个小区间，试列出这 100 个数据落在各区间的频率分布表；

（3）作出频数直方图；

（4）作出频率直方图.

第3章 随机事件及其概率

观察自然界中的各种现象,依据其发生的必然性可将其分为两类.一类事先就能断定是否会发生,如正常大气压下水加热到 100 ℃ 时会沸腾、同性电荷相斥、太阳不可能从西边升起等,这类现象称为**确定性现象**.另一类,如掷一枚硬币刚好正面向上、打靶刚好命中靶心等,这类现象有两个特征:一是在一次观察中可能发生,也可能不发生,结果呈现不确定性;二是在大量重复观察中,其结果又具有统计规律性,例如掷一枚质地均匀的硬币,正面向上出现的次数大体占二分之一.我们把具有这两个特征的现象称为**随机性现象**.确定性现象和随机性现象都广泛存在于客观世界中,概率论就是研究随机现象统计规律性的数学分支.

§3.1 随机事件

一、随机事件的概念

研究随机现象需要做各种试验,概率论中的试验需满足以下三个条件:
(1)试验可以在相同条件下多次重复进行;
(2)试验可能出现的结果事先可预知;
(3)每次试验有且只有一个结果出现,但每次试验结束之前,不知道哪一个结果出现.

我们将满足以上三个条件的试验称为**随机试验**.随机试验中的每个可能结果称为**基本事件**.由全体基本事件构成的集合称为**样本空间**,记作 Ω. 由单个或多个基本事件组成的集合称为**随机事件**,简称**事件**,通常用字母 $A,B,C,\cdots$ 表示. 由多个(至少两个)基本事件组成的随机事件称为**复合事件**.显然,一个随机事件对应于样本空间的一个子集.在随机试验中,如果发生的结果是事件 A 所含的基本事件,就称**事件 A 发生**.

样本空间 Ω 包含所有的基本事件,在每次试验中必然发生,故称为**必然事件**;空集 $\varnothing$ 不含任何基本事件,在每次试验中都不发生,故称为**不可能事件**.显然,必然事件与不可能事件已失去"不确定性",但它们是随机事件的两个极端情况,故仍将其视为随机事件.

例如,掷一枚骰子,若用 $\{i\}$ 表示事件{出现 i 点}($i=1,2,\cdots,6$),则 $\{1\},\{2\},\cdots,\{6\}$ 都是基本事件,样本空间 $\Omega=\{1,2,3,4,5,6\}$,$A=\{$出现偶数点$\}=\{2,4,6\}$ 是随机事件,

$B = \{点数不超过6\} = \Omega$ 是必然事件,$C = \{点数大于6\} = \varnothing$ 是不可能事件.

二、随机事件间的关系

1. 事件的包含与相等

若当事件 A 发生时,事件 B 也一定发生,则称 B **包含** A 或 A **包含于** B,记作 $B \supset A$ 或 $A \subset B$(见图 3 – 1).

例如,掷一枚骰子,设 $A = \{出现 4 点或 6 点\}$,$B = \{出现偶数点\}$,则 $B \supset A$.

对任一事件 A,都有 $\varnothing \subset A \subset \Omega$.

若 $B \supset A$ 且 $A \supset B$,则称 A 与 B **相等**,记作 $A = B$.

例如,掷一枚骰子,设 $A = \{出现大于 4 的点\}$,$B = \{出现 5 点或 6 点\}$,则 $A = B$.

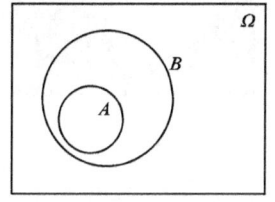

图 3 – 1

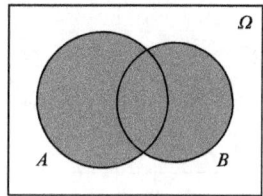

图 3 – 2

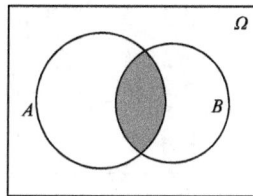

图 3 – 3

2. 事件的和(并)

"A 与 B 中至少有一个发生"(A 发生或 B 发生)这一事件称为 A 与 B 的**和**(或**并**),记作 $A + B$ 或 $A \cup B$(见图 3 – 2).

例如,掷一枚骰子,设 $E = \{出现的点数大于 3\} = \{4,5,6\}$,$F = \{出现的点数为偶数\} = \{2,4,6\}$,则 $E + F = \{出现的点数大于 3 或为偶数\} = \{2,4,5,6\}$.

对任一事件 A,都有 $A + A = A, A + \Omega = \Omega, A + \varnothing = A$.

3. 事件的积(交)

"A 与 B 同时发生"这一事件称为 A 与 B 的**积**(或**交**),记作 AB 或 $A \cap B$(见图 3 – 3).

例如,对于上面的事件 E, F,有 $EF = \{出现的点数大于 3 且为偶数\} = \{4,6\}$.

对任一事件 A,都有 $AA = A, A\Omega = A, A\varnothing = \varnothing$.

事件的和、积运算可以推广到有限多个事件情形,记作

$$\sum_{i=1}^{n} A_i = A_1 + A_2 + \cdots + A_n \text{ 或 } \bigcup_{i=1}^{n} A_i = A_1 \cup A_2 \cup \cdots \cup A_n,$$

$$\prod_{i=1}^{n} A_i = A_1 A_2 \cdots A_n \text{ 或 } \bigcap_{i=1}^{n} A_i = A_1 \cap A_2 \cap \cdots \cap A_n.$$

4. 事件的互斥

若 $AB = \varnothing$,则称 A 与 B **互斥**(见图 3 – 4).

例如,掷一枚硬币,$A = \{正面向上\}$,$B = \{反面向上\}$,则 A 与 B 互斥.

若 n 个事件 $A_1,A_2,\cdots,A_n$ 中的任意两个都不可能同时发生，即
$$A_iA_j = \varnothing(i,j=1,2,\cdots,n;i\neq j),$$
则称这 n 个事件**两两互斥**.

在一次试验中的各个基本事件都是两两互斥的.

5. 事件的对立

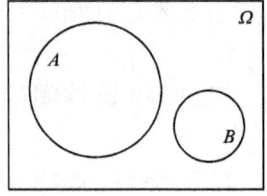

图 3-4

若 A 与 B 在一次试验中既不可能同时发生，又必定恰有一个发生，即满足 $AB=\varnothing$ 且 $A+B=\Omega$，则称 A 与 B **对立**，并称 $B(A)$ 是 $A(B)$ 的**对立事件**，记作 $B=\overline{A}(A=\overline{B})$（见图 3-5）.

例如，掷一枚骰子，$A=\{$出现奇数点$\}$，$B=\{$出现偶数点$\}$，显然 $AB=\varnothing$，且 $A+B=\{1,3,5\}+\{2,4,6\}=\{1,2,3,4,5,6\}=\Omega$，所以 A 与 B 对立.

从图 3-5 容易看出：
$$\overline{\overline{A}}=A,\quad A\overline{A}=\varnothing,\quad A+\overline{A}=\Omega,\quad \overline{\Omega}=\varnothing,\quad \overline{\varnothing}=\Omega.$$

对立事件一定是互斥事件，而互斥事件不一定是对立事件.

6. 事件的差

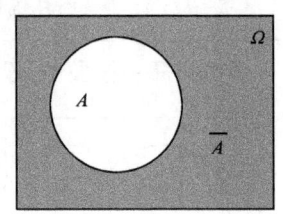

图 3-5

"A 发生而 B 不发生"这一事件，称为 A 与 B 的**差**，记作 $A-B$（见图 3-6）.

例如，掷一枚骰子，$A=\{$出现的点数大于 3$\}=\{4,5,6\}$，$B=\{$出现偶数点$\}=\{2,4,6\}$，则
$$A-B=\{4,5,6\}-\{2,4,6\}=\{5\}.$$

如图 3-6 所示，$A-B=A-AB=A\overline{B}$，$AB+A\overline{B}=A$.

AB 与 $A\overline{B}$ 是互斥事件，但不一定是对立事件.

事件满足的运算律与集合的运算相同：

(1) 交换律：$A+B=B+A$，$AB=BA$；

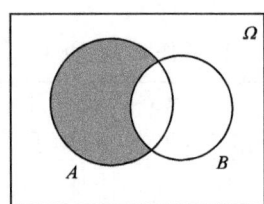

图 3-6

(2) 结合律：$A+(B+C)=(A+B)+C$，$A(BC)=(AB)C$；

(3) 分配律：$A(B+C)=AB+AC$，$A+(BC)=(A+B)(A+C)$；

(4) 德摩根定律：$\overline{A+B}=\overline{A}\,\overline{B}$，$\overline{AB}=\overline{A}+\overline{B}$.

从图 3-7 还可以看出如下关系：
$$A+B=A+B\overline{A}=B+A\overline{B}=A\overline{B}+AB+B\overline{A}.$$

例 1 甲、乙、丙三人同时向同一目标射击，设 $A_i=\{$第 i 个人命中目标$\}$（$i=1,2,3$）. 试用 A_i 表示下列事件：

$B=\{$三人都命中目标$\}$；

$C=\{$三个人中至少有一个人命中目标$\}$；

$D=\{$三个人中恰好有一个人命中目标$\}$；

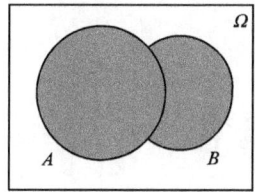 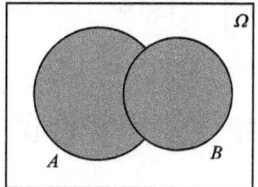 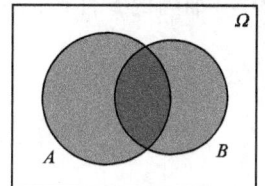

图 3-7

$E = \{$三个人都未命中目标$\}$.

解 $B = A_1 A_2 A_3$；

$C = A_1 + A_2 + A_3$；

$D = A_1 \overline{A_2} \overline{A_3} + \overline{A_1} A_2 \overline{A_3} + \overline{A_1} \overline{A_2} A_3$；

$E = \overline{A_1} \overline{A_2} \overline{A_3}$（或 $\overline{A_1 + A_2 + A_3}$）.

习题 3-1

1. 把一枚均匀的硬币抛三次，观察它落地后向上的面. 用 H 表示"正面向上"，T 表示"反面向上"，计算这一试验的基本事件总数，并列出样本空间.

2. 从分别写有 1,2,3 的三张卡片中任取一张，记下上面的数，然后放回，再取一张，记下上面的数，把两次取出的数排成一个十位数，第一次取出的数排在十位上. 计算这一试验的基本事件总数，并列出下列事件中的基本事件：

$A = \{$十位上的数是 1$\}$；

$B = \{$个位上的数是 2$\}$；

$C = \{$十位及个位上至少有一个数是 3$\}$；

$D = \{$小于 25 的数$\}$.

3. 在第 1 题的试验中，设事件 $A = \{$最多有两次正面向上$\}$，$B = \{$至少有一次正面向上$\}$.

(1) 说明 $\overline{A}, \overline{B}$ 的意义；

(2) 把 AB 与 $A \cup B$ 的基本事件列出来.

4. 加工某种产品要经过三道工序，只要有一道工序不合格，加工出来的产品就不合格. 设 $A_i = \{$第 i 道工序合格$\}$（$i = 1, 2, 3$），用 A_i 表示下列事件：

(1) $A = \{$加工出来的产品合格$\}$；

(2) $B = \{$加工出来的产品不合格$\}$.

5. 从含有正品和次品的一批产品中任抽 5 件，描述下列事件的对立事件：

(1) $A = \{$抽到的 5 件产品都是正品$\}$；

(2) $B = \{$抽到的 5 件产品都是次品$\}$；

(3) $C = \{$抽到的 5 件产品中至少有 1 件次品$\}$；

(4) $D = \{$抽到的 5 件产品中恰有 1 件次品$\}$.

§3.2 随机事件的概率

事件 A 发生的可能性大小称为事件 A 的概率. 如何确定一个事件的概率呢?

一、概率的统计定义

在一次试验中,一个随机事件是否发生事先不能确定,但在大量重复试验中,它却呈现出明显的统计规律性. 例如,历史上人们曾做了大量的抛硬币试验,如表 3-1 所示.

表 3-1 抛硬币试验

试验人	抛硬币次数 n	正面向上次数 m	正面向上的频率 $\frac{m}{n}$
蒲丰	4040	2048	0.5069
费勒	10000	4979	0.4979
皮尔逊	24000	12012	0.5005
罗曼诺夫斯基	80640	40173	0.4982

从表 3-1 可以看出,当抛掷次数很大时,正面向上的频率(即正面向上的次数与抛掷次数之比)接近常数 0.5,稳定在 0.5 附近.

一般地,在相同条件下重复进行的 n 次试验中,事件 A 发生的次数 m 与试验次数 n 之比 $\frac{m}{n}$ 叫作事件 A 发生的**频率**,记作 $f_n(A)$,即

$$f_n(A) = \frac{m}{n}.$$

定义 3.1 在相同条件下重复进行同一试验,当试验次数充分大时,若事件 A 发生的频率 $\frac{m}{n}$ 接近某一常数 p,并稳定在它附近,则称常数 p 为事件 A 的**概率**,记作 $P(A)$,即

$$P(A) = p.$$

这个定义也称为**概率的统计定义**.

在抛硬币的试验中,若用 H 表示"正面向上",则 $P(H) = 0.5$. 这正是体育比赛中双方挑边常用抛硬币的方法来确定的原因.

通常某事件的概率是不能直接用概率的统计定义精确得到的. 一种常用的方法是,在试验次数 n 充分大时,把事件 A 发生的频率 $\frac{m}{n}$ 作为其概率的近似值.

例如,从一批某种产品中抽检了 500 件,其中 5 件不合格,我们就估计"从这批产品中任抽 1 件是不合格品"的概率为 $\frac{5}{500} = 0.01$.

二、概率的古典定义

概率论发展的早期,主要研究对象是**古典概型**,即满足以下两个条件的随机试验模型,也称为**等可能概型**:

(1) 试验的样本空间只含有有限个基本事件;
(2) 每次试验中各基本事件发生的可能性相等.

> **定义 3.2** 在古典概型中,如果基本事件总数为 n,事件 A 所含的基本事件个数为 m,那么 A 的概率为
> $$P(A) = \frac{A \text{ 所含的基本事件个数}}{\text{基本事件总数}} = \frac{m}{n}.$$

定义 3.2 称为**概率的古典定义**.

例1 同时掷三枚硬币,求恰有一枚正面向上的概率.

解 设 $A = \{$恰有一枚正面向上$\}$. 由于试验中等可能的基本事件共有 8 个,即 $\{$正,正,正$\}$、$\{$正,正,反$\}$、$\{$正,反,正$\}$、$\{$反,正,正$\}$、$\{$正,反,反$\}$、$\{$反,正,反$\}$、$\{$反,反,正$\}$、$\{$反,反,反$\}$,而事件 A 包含其中 3 个基本事件,即 $\{$正,反,反$\}$、$\{$反,正,反$\}$、$\{$反,反,正$\}$,所以 $P(A) = \dfrac{3}{8}$.

例2 估计一个大型渔场中鱼的尾数,常使用以下方法:先从渔场中捕出一定数量的鱼,将其做上记号后放回水中,经过一定的时间让其充分混合,再从中捕捞一定数量的鱼,查看有记号的鱼所占比例,从而估计渔场中鱼的数量. 如果第一次捕出 1000 尾并做上记号,第二次捕出 600 尾,其中有记号的有 10 尾,试估计该渔场中鱼的尾数.

解 设 $A = \{$捕到有记号的鱼$\}$,n 表示渔场中鱼的尾数. 假定每尾鱼被捕到的可能性是相等的,则由概率的古典定义,得

$$P(A) = \frac{1000}{n}.$$

第二次捕出的 600 尾鱼中,有记号的 10 尾,由概率的统计定义,得

$$P(A) \approx \frac{10}{600}.$$

于是

$$\frac{1000}{n} \approx \frac{10}{600},$$

解方程,得

$$n \approx 60000 (\text{尾}),$$

即该渔场大约有 60000 尾鱼.

三、概率的性质

由定义 3.1 或定义 3.2,容易得出概率的以下基本性质:

(1) $0 \leq P(A) \leq 1$;

(2) $P(\Omega) = 1$, $P(\varnothing) = 0$;

(3) 有限可加性：

$$\text{若 } A, B \text{ 互斥，则 } P(A+B) = P(A) + P(B). \tag{3-1}$$

一般地，若 $A_1, A_2, \cdots, A_n$ 两两互斥，则

$$P(A_1 + A_2 + \cdots + A_n) = P(A_1) + P(A_2) + \cdots + P(A_n). \tag{3-2}$$

式 3-1 和式 3-2 也称为**互斥事件的概率加法公式**.

因 A 与 $\overline{A}$ 互斥，且 $A + \overline{A} = \Omega$，故得 $1 = P(\Omega) = P(A + \overline{A}) = P(A) + P(\overline{A})$，即有

$$P(\overline{A}) = 1 - P(A). \tag{3-3}$$

这就是说，对立事件概率之和为 1.

例 3 一个袋子里装有 6 只黑球和 4 只白球，从中任意取出 3 只，求下列事件的概率：

(1) "取出的 3 只中恰有 i 只 ($i = 0, 1, 2, 3$) 白球"；

(2) "取出的 3 只中至少有 1 只白球".

解 从 10 只球中任意取出 3 只，共有 C_{10}^3 个不同的结果，故基本事件总数为 C_{10}^3. 由于球是任意抽取的，所以每个结果的出现是等可能的.

(1) 设 $A_i = \{\text{取出的 3 只中恰有 } i \text{ 只白球}\}$ ($i = 0, 1, 2, 3$)，则 A_0, A_1, A_2, A_3 所含的基本事件个数分别为

$$C_4^0 \cdot C_6^3, \quad C_4^1 \cdot C_6^2, \quad C_4^2 \cdot C_6^1, \quad C_4^3 \cdot C_6^0,$$

于是

$$P(A_0) = \frac{C_4^0 \cdot C_6^3}{C_{10}^3} = \frac{20}{120} = \frac{1}{6},$$

$$P(A_1) = \frac{C_4^1 \cdot C_6^2}{C_{10}^3} = \frac{60}{120} = \frac{1}{2},$$

$$P(A_2) = \frac{C_4^2 \cdot C_6^1}{C_{10}^3} = \frac{36}{120} = \frac{3}{10},$$

$$P(A_3) = \frac{C_4^3 \cdot C_6^0}{C_{10}^3} = \frac{4}{120} = \frac{1}{30}.$$

(2) 设 $B = \{\text{取出的 3 只中至少有 1 只白球}\}$.

方法 1：因 $B = A_1 \cup A_2 \cup A_3$，又 A_1, A_2, A_3 两两互斥，所以

$$P(B) = P(A_1 \cup A_2 \cup A_3)$$
$$= P(A_1) + P(A_2) + P(A_3)$$
$$= \frac{1}{2} + \frac{3}{10} + \frac{1}{30} = \frac{5}{6}.$$

方法 2：因 $\overline{B} = \{\text{取出的 3 只全是黑球}\} = \{\text{取出的 3 只中恰有 0 只白球}\} = A_0$，于是

$$P(B) = 1 - P(\overline{B}) = 1 - P(A_0)$$
$$= 1 - \frac{1}{6} = \frac{5}{6}.$$

例 4 一个袋子里装有 6 只黑球和 4 只白球，现从中每次任意取出一只，然后放回，

再抽取下一只,连取 3 次,求下列事件的概率:

(1)"取出的 3 只全是黑球";

(2)"取出的 3 只中恰有 2 只白球".

解 这时基本事件总数为 10^3.

(1) 设 $B = \{$取出的 3 只全是黑球$\}$,则 B 所含的基本事件个数为 6^3. 于是

$$P(B) = \frac{6^3}{10^3} = \frac{216}{1000} = 0.216.$$

(2) 设 $A_2 = \{$取出的 3 只中恰有 2 只白球$\}$,满足这一条件的不同取法可以这样考虑:从 6 个黑球中抽取一只,有 6 种取法,从 4 只白球中有放回地抽取两次,有 4^2 种取法,而两只白球可能在 3 次抽取中的任何两次抽到,共有 C_3^2 种可能,因此根据分步乘法计数原理,共有 $C_3^2 \times 4^2 \times 6$ 种不同的取法,即 A_2 所含的基本事件个数为 $C_3^2 \times 4^2 \times 6$. 于是,

$$P(A_2) = \frac{C_3^2 \times 4^2 \times 6}{10^3} = \frac{288}{1000} = 0.288.$$

在上面的例 3 中,"从中任意取出 3 只"可以看作是每次从中任意取出一只,不放回,接着再取下一只,这样的抽取称作**无放回抽取**. 例 4 中的抽取是每次从中任意取出一只,放回后,再取下一只,这样的抽取称作**有放回抽取**. 在这两种抽取方式下,对同一问题的计算是不同的,如例 3、例 4 中的事件 A_2,在例 3 中 $P(A_2) = \frac{3}{10} = 0.3$,而在例 4 中 $P(A_2) = 0.288$,两个结果不相等.

四、任意事件的概率加法公式

$$P(A+B) = P(A) + P(B) - P(AB), \tag{3-4}$$

其中 A,B 为任意的两个事件,这就是两个**任意事件的概率加法公式**.

例 5 从一副 52 张的扑克牌(除去大、小王)中任意抽一张,求"抽到一张老 K 或黑桃"的概率.

解 设 $A = \{$抽到一张老 K$\}$,$B = \{$抽到一张黑桃$\}$,则事件$\{$抽到一张老 K 或黑桃$\}$ = $A+B$,$AB = \{$抽到黑桃老 K$\}$. 于是

$$P(A+B) = P(A) + P(B) - P(AB)$$
$$= \frac{4}{52} + \frac{13}{52} - \frac{1}{52} = \frac{16}{52} = \frac{4}{13}.$$

例 6 设 A,B 为两个事件,已知 $P(A) = 0.7$,$P(B) = 0.5$,$P(AB) = 0.4$,求下列事件的概率:

(1) A 不发生;   (2) A 发生或 B 发生;

(3) A 发生但 B 不发生;   (4) A,B 都不发生.

解 (1) A 不发生即 $\overline{A}$ 发生,所以

$$P(\overline{A}) = 1 - P(A) = 1 - 0.7 = 0.3.$$

(2) A 发生或 B 发生的概率,即

$$P(A+B) = P(A) + P(B) - P(AB) = 0.7 + 0.5 - 0.4 = 0.8.$$

(3) A 发生但 B 不发生的概率，即 $P(A\bar{B})$. 因为 $A = AB + A\bar{B}$，且 AB 与 $A\bar{B}$ 互斥，所以 $P(A) = P(AB) + P(A\bar{B})$，于是

$$P(A\bar{B}) = P(A) - P(AB) = 0.7 - 0.4 = 0.3.$$

(4) A,B 都不发生的概率，即 $P(\bar{A}\bar{B})$. 因为 $\overline{A+B} = \bar{A}\bar{B}$，所以

$$P(\bar{A}\bar{B}) = 1 - P(A+B) = 1 - 0.8 = 0.2.$$

概率的加法公式可推广到有限个随机事件情形. 对任意事件 A,B,C，有

$$P(A+B+C) = P(A) + P(B) + P(C) - P(AB) - P(BC) - P(AC) + P(ABC).$$

习题 3-2

1. 掷一枚骰子，求下列事件的概率：

(1) $A = \{$出现奇数点$\}$；

(2) $B = \{$出现大于 4 的点$\}$.

2. 抛三枚可以区分的硬币，求下列事件的概率：

(1) $A = \{$恰有一枚正面向上$\}$；

(2) $B = \{$至少有一枚正面向上$\}$；

(3) $C = \{$三枚向上的面相同$\}$.

3. 某社区居民家庭订甲报的有 40%，订乙报的有 30%，甲、乙报都订的有 10%，那么这两种报纸至少订一种的百分数、这两种报都未订的百分数分别是多少？

4. 把一枚均匀的骰子先后掷两次，观察出现的点数，求：

(1) 基本事件总数；

(2) "两次出现的点数之和是 7" 的概率.

5. 一个盒子内装有 60 只集成块，其中有 3 只是次品，其余均为正品. 现从中任取 3 只，求下列事件的概率：

(1) "3 只都是正品"；

(2) "3 只中恰有 1 只次品".

6. 在学号为 1,2,⋯,10 的十名同学中，随机地选出 3 人为班委，求下列事件的概率：

(1) $A = \{$学号为 1 的同学为班委$\}$；

(2) $B = \{$学号为 1 和 2 的同学都为班委$\}$.

7. 甲、乙两人射击，甲击中目标的概率是 0.9，乙击中目标的概率是 0.85，甲、乙均击中目标的概率是 0.765. 求：

(1) 甲、乙至少有一人击中目标的概率；

(2) 甲、乙均未击中目标的概率.

§3.3 条件概率与概率的乘法公式

一、条件概率的定义

掷一枚骰子，设 $A = \{出现小于 6 的点\} = \{1,2,3,4,5\}$，$B = \{出现大于 3 的点\} = \{4,5,6\}$. 问：在事件 B 已经发生的条件下，事件 A 发生的概率是多少？

把这个概率记作 $P(A|B)$. 由于事件 B 已发生，这时样本空间由原来的 $\{1,2,3,4,5,6\}$ 改变为 $\{4,5,6\}$，共含 3 个基本事件，其中含在 A 中的基本事件有两个，所以

$$P(A|B) = \frac{2}{3}.$$

注意：这里 $P(A|B) = \frac{2}{3} \neq \frac{5}{6} = P(A)$，这说明 $P(A|B)$ 与 $P(A)$ 的含义不同. 另外，$P(B) = \frac{3}{6} = \frac{1}{2}$，$P(AB) = \frac{2}{6} = \frac{1}{3}$，$\frac{P(AB)}{P(B)} = \frac{2}{3} = P(A|B)$.

一般地，有如下定义.

定义 3.3 设 A, B 为事件，且 $P(B) > 0$，称

$$P(A|B) = \frac{P(AB)}{P(B)} \tag{3-5}$$

为在事件 B 发生的条件下事件 A 发生的**条件概率**.

类似地，若 $P(A) > 0$，则在事件 A 发生的条件下，事件 B 发生的条件概率为

$$P(B|A) = \frac{P(AB)}{P(A)}. \tag{3-6}$$

例 1 某地区一年内刮风的概率为 $\frac{4}{15}$，下雨的概率为 $\frac{2}{15}$，既刮风又下雨的概率为 $\frac{1}{10}$. 求：

(1) 在刮风的条件下下雨的概率；
(2) 在下雨的条件下刮风的概率.

解 设 $A = \{刮风\}$，$B = \{下雨\}$，则 $AB = \{既刮风又下雨\}$. 由题设条件知，$P(A) = \frac{4}{15}$，$P(B) = \frac{2}{15}$，$P(AB) = \frac{1}{10}$.

(1) 即要求 $P(B|A)$. 由式 (3-6) 得

$$P(B|A) = \frac{P(AB)}{P(A)} = \frac{\frac{1}{10}}{\frac{4}{15}} = \frac{3}{8}.$$

(2) 即要求 $P(A|B)$. 由式(3-5)得

$$P(A|B) = \frac{P(AB)}{P(B)} = \frac{\frac{1}{10}}{\frac{2}{15}} = \frac{3}{4}.$$

二、乘法公式

由条件概率的定义,得

$$P(AB) = P(B)P(A|B) = P(A)P(B|A). \qquad (3-7)$$

这就是两个事件的概率**乘法公式**,它是求两个事件交的概率的公式.

一般地,对于有限个事件 $A_1, A_2, \cdots, A_n (P(A_1 A_2 \cdots A_{n-1}) > 0)$,有下面的概率乘法公式:

$$P(A_1 A_2 \cdots A_n) = P(A_1)P(A_2|A_1)P(A_3|A_1 A_2) \cdots P(A_n|A_1 A_2 \cdots A_{n-1}). \qquad (3-8)$$

例 2 某种配件 50 只,其中有 10 只二等品,其余均为一等品. 从中每次抽取 1 只不放回,连续抽取 3 次,求下列事件的概率:

(1)"3 次都取得一等品";

(2)"第 3 次才取得一等品".

解 设 A_i = "第 i 次取得一等品"($i = 1, 2, 3$).

(1) 设 B = "3 次都取得一等品",则 $B = A_1 A_2 A_3$,于是

$$P(B) = P(A_1 A_2 A_3) = P(A_1)P(A_2|A_1)P(A_3|A_1 A_2)$$

$$= \frac{40}{50} \cdot \frac{39}{49} \cdot \frac{38}{48} = 0.5041.$$

(2) 设 C = "第 3 次才取得一等品",则 $C = \overline{A_1}\,\overline{A_2} A_3$,于是

$$P(C) = P(\overline{A_1}\,\overline{A_2} A_3) = P(\overline{A_1})P(\overline{A_2}|\overline{A_1})P(A_3|\overline{A_1}\,\overline{A_2})$$

$$= \frac{10}{50} \cdot \frac{9}{49} \cdot \frac{40}{48} = 0.0306.$$

我们约定当概率计算结果的近似值精确到 10^{-4} 时,一般使用"="号而不使用"≈"号,上面例 2 中就是这样,以下均如此.

三、事件的独立性

从一副 52 张的扑克牌中任取一张,放回,再从中任取一张. 设 A = "第一张取到 K", B = "第二张取到 K",由于第一张取后又放回,当第二次抽取时仍是从 52 张中抽取,因而有 $P(B) = \frac{4}{52} = \frac{1}{13}$,$P(B|A) = \frac{4}{52} = \frac{1}{13}$. 这说明事件 A 的发生不影响事件 B 发生的概率,于是,有下面的定义.

定义 3.4 如果事件 A 的发生不影响事件 B 发生的概率,即有
$$P(B|A) = P(B),$$
那么称**事件 B 独立于事件 A**.

易证:当 B 独立于 A 时,A 也一定独立于 B,称 A 与 B **相互独立**,简称 A 与 B **独立**.由乘法公式和独立事件的定义容易证明:A 与 B 独立的**充要条件**是
$$P(AB) = P(A)P(B). \tag{3-9}$$

还容易知道,当 A 与 B 独立时,A 与 $\bar{B}$,$\bar{A}$ 与 B,$\bar{A}$ 与 $\bar{B}$ 也分别独立.

例 3 甲、乙两人独立地对同一目标各射击一次,甲、乙命中目标的概率分别为 0.85 和 0.83,求目标被击中的概率.

解 设 $A_1 = \{$甲命中目标$\}$,$A_2 = \{$乙命中目标$\}$,$B = \{$目标被击中$\}$,A_1 与 A_2 互相独立,所以
$$\begin{aligned} P(B) &= P(A_1 + A_2) = P(A_1) + P(A_2) - P(A_1 A_2) \\ &= P(A_1) + P(A_2) - P(A_1)P(A_2) \\ &= 0.85 + 0.83 - 0.85 \times 0.83 \\ &= 0.9745. \end{aligned}$$

对于有限多个事件 $A_1, A_2, \cdots, A_n$,如果其中任一事件的概率不受其他 $n-1$ 个事件的影响,就称 $A_1, A_2, \cdots, A_n$ **相互独立**,并有下面的重要关系:
$$P(A_1 A_2 \cdots A_n) = P(A_1)P(A_2) \cdots P(A_n). \tag{3-10}$$

例 4 在图 3-8 所示的线路中,各元件能否正常工作是相互独立的.已知元件 a, b, c 出现故障的概率分别为 0.02, 0.03, 0.01,每一个元件出故障都将导致线路中断.求线路中断的概率.

解 设 A, B, C 分别表示元件 a, b, c 出现故障,$D = \{$线路中断$\}$,则 $D = A + B + C$,于是

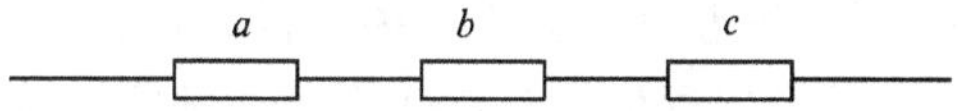

图 3-8

$$\begin{aligned} P(D) &= P(A+B+C) = 1 - P(\overline{A+B+C}) \\ &= 1 - P(\bar{A}\bar{B}\bar{C}) \\ &= 1 - P(\bar{A})P(\bar{B})P(\bar{C}) \\ &= 1 - [1-P(A)][1-P(B)][1-P(C)] \\ &= 1 - 0.98 \times 0.97 \times 0.99 \\ &= 0.0589. \end{aligned}$$

四、伯努利概型

在相同条件下进行 n 次重复试验,若每次试验的可能结果只有两个,且它们发生的概率不变,则称这样的试验为 n **重伯努利试验**,或 n **重伯努利概型**,也称**伯努利概型**.

设两个可能的结果为 A 与 $\bar{A}$,且 $P(A) = p$,$P(\bar{A}) = q = 1 - p(0 < p < 1)$,下面讨论事件

A 在 n 重伯努利试验中恰好发生 k 次的概率.

例 5 有 10 只相同的球,其中 8 只黑色、2 只白色,每次从中任取 1 只,有放回地抽取 5 次,求这 5 次中恰有 2 次是黑球的概率.

解 由于是有放回抽取,所以 5 次抽取互不影响,结果相互独立. 每次取到黑球记作 A,且 $p=P(A)=\frac{8}{10}=\frac{4}{5}$,取到白球记为 $\bar{A}$,且 $q=P(\bar{A})=\frac{2}{10}=\frac{1}{5}$. 这是一个 5 重伯努利试验,在 5 次试验中的某两次 A 发生而其余的 3 次 A 不发生的概率为 p^2q^3,而 A 发生的两次在 5 次中出现的情况有 C_5^2 种,它们之间又是两两互斥的,于是所求概率为

$$C_5^2\left(\frac{4}{5}\right)^2 \cdot \left(\frac{1}{5}\right)^3 = 0.0512.$$

一般地,设在 n 重伯努利试验中 $P(A)=p$,$P(\bar{A})=q=1-p$,用 $P_n(k)$ 表示在这 n 次试验中事件 A 恰好发生 $k(k=0,1,2,\cdots,n)$ 次的概率,那么

$$P_n(k) = C_n^k p^k q^{n-k} \quad (k=0,1,2,\cdots,n). \tag{3-11}$$

为方便起见,分别称结果 A,$\bar{A}$ 为"成功"与"失败",称 $P(A)=p$ 为成功的概率,$P(\bar{A})=q=1-p$ 为失败的概率. 于是,式(3-11)被称为在 n 重伯努利试验中成功 k 次的概率计算公式.

式(3-11)中的 $C_n^k p^k q^{n-k}$($k=0,1,2,\cdots,n$)恰好是二项展开式

$$(p+q)^n = q^n + C_n^1 q^{n-1}p + C_n^2 q^{n-2} p^2 + \cdots + C_n^k q^{n-k} p^k + \cdots + p^n$$

中的各项. 由于 $p+q=1$,所以上式右端等于 1,即有

$$\sum_{k=0}^n C_n^k p^k q^{n-k} = 1.$$

例 6 设一大批产品中,一级品率为 20%. 现在从中随意抽取 10 件,求其中一级品恰为 4 件的概率.

解 依题意应为不放回抽样,但由于产品总数很多,抽取 10 件相对总数来说数量很少,因而可以近似将其看作有放回抽样处理. 将抽取的每一件产品是否为一级品看作一次伯努利试验,则一级品数量恰为 4 件的概率为

$$P_{10}(4) = C_{10}^4 \cdot 0.2^4 \cdot 0.8^6 = 0.0881.$$

例 7 一种彩票每周开奖一次,中奖率为万分之一,各次开奖相互独立. 张某每周购买一张这种彩票,持续一年,求张某中奖的概率.

解 一年按 52 周计算,那么这是一个 52 重伯努利试验问题.

设 $A_i=$ "第 i 次购买的一张中奖"($i=1,2,\cdots,52$),则 $p=P(A_i)=0.0001$,$q=P(\bar{A_i})=0.9999$,又设 $B=$ "张某中奖",于是

$$P(B) = P_{52}(1) + P_{52}(2) + \cdots + P_{52}(52) = 1 - P(\bar{B}) = 1 - P_{52}(0)$$
$$= 1 - q^{52} = 1 - 0.9999^{52} = 0.0052.$$

尽管坚持购买一年,中奖的概率仍然非常小.

概率很小的事件称为**小概率事件**. 关于小概率事件,有如下原理:小概率事件在一次试验中几乎不可能发生. 这一原理称为**小概率原理**.

注意:尽管小概率事件在一次或少数几次试验中发生的可能性很小,但当试验次数很

多且相互独立时,它发生的概率就可以很接近于 1. 例 7 中如果张某购买彩票的张数为 n,那么他中奖的概率为 $P(B) = 1 - 0.9999^n$,当 n 无限增大时,$P(B)$ 的极限为 1. 所以,一个事件只要概率大于 0,把试验不断地独立重复进行下去,那么这一事件或早或晚必然发生. 常言道"常在河边走,哪有不湿鞋"就是这个道理.

习题 3-3

1. 一副洗好的扑克牌 52 张(除去大、小王),从中任取一张不放回,再取一张,求下列事件的概率:
   (1)"两次都取到 A";
   (2)"第一次未取到 A,而第二次取到 A".

2. 某年级 20% 的学生数学不及格,15% 的学生英语不及格,10% 的学生数学、英语两门都不及格,从该年级任抽一个学生,求:
   (1)如果他数学不及格,那么他英语不及格的概率;
   (2)如果他英语不及格,那么他数学不及格的概率;
   (3)他数学或英语不及格的概率.

3. 一个盒子中装有 4 个黄球和 2 个红球,另外一个盒子中装有 3 个黄球和 5 个红球. 从每个盒子中任抽 1 个球,求下列事件的概率:
   (1)"抽到 2 个黄球";
   (2)"抽到 1 个黄球 1 个红球".

4. 甲、乙两位同学各自独立地解决某道数学题. 如果甲、乙解出的概率分别为 0.6 和 0.7,求:
   (1)至少 1 人解出的概率;
   (2)两人都未解出的概率.

5. 一大批产品合格率为 95%,从这批产品中抽取 10 件,求下列事件的概率(以下各问写出概率的计算公式即可):
   (1)"恰有 1 件不合格品";
   (2)"恰有 5 件合格品";
   (3)"全是合格品".

6. 一种药物的显效率为 80%,现有 5 人使用这种药物,那么至少有 4 人显效的概率是多少?(写出计算公式即可)

7. 据生产商提供的数据,该厂某种产品的合格率是 97%,商检部门从这种产品中抽取 20 件进行检验,发现有 3 件不合格. 试按合格率为 97% 计算抽取的 20 件中恰有 3 件不合格的概率,并依据小概率原理说说你对这批产品的合格率是 97% 的看法.

复习题 3

1. 判断正误：

(1) 频数和频率都能反映一个对象在试验总次数中出现的频繁程度；

(2) 在同一次试验中，每个试验结果出现的频数之和等于试验的样本总数；

(3) 在同一次试验中，每个试验结果出现的频率之和不一定等于 1；

(4) 概率就是频率；

(5) 某事件发生的概率为 $P(A)=1.1$；

(6) 不可能事件的概率为 0，必然事件的概率为 1；

(7) 某事件发生的概率是随着试验次数的变化而变化的；

(8) 小概率事件就是不可能发生的事件，大概率事件就是必然发生的事件.

2. 填空题：

(1) 如果随机事件 A 发生的频率是 0.02，且事件 A 出现了 10 次，那么共进行了 _____ 次试验.

(2) 从 5 双鞋中任取 6 只，其中至少有两只是一双，这个事件是 _____（选填"必然""不可能"或"随机"）事件.

(3) 某班有 50 人，在某次测验中有 82% 的人及格，则"从该班任意抽出 10 人，仅有 1 人及格"这一事件 _____（选填"可能""不可能"）发生.

(4) 一个袋中装有数量差别较大的白球和黑球，从中任取一球，取出的是白球，估计袋中数量少的球是 _____ .

(5) 已知甲、乙两个盒子里各装有 2 个红球和 4 个白球，先从甲盒中任取 1 个球放入乙盒，再从乙盒中任取 1 个球. 设事件 A 表示"从甲盒中取出红球放入乙盒"，事件 B 表示"从乙盒中取出红球"，则条件概率 $P(B|A)=$ _____ .

(6) 设 A,B 为两个事件，若 $P(A)=\dfrac{1}{4}, P(B)=\dfrac{2}{3}, P(AB)=\dfrac{1}{6}$，则 $P(A+B)=$ _____ .

(7) 设 A,B 为两个事件，$P(B)=\dfrac{3}{10}, P(AB)=\dfrac{1}{6}, P(A+B)=\dfrac{4}{5}$，则 $P(A)=$ _____ .

(8) 设 A,B 为两个事件，$P(A)=0.4, P(B)=0.3$，若事件 A,B 相互独立，则 $P(A+B)=$ _____ .

(9) 设 A,B 为两个事件，已知 $P(B)=0.84, P(\overline{AB})=0.21$，则 $P(AB)=$ _____ .

(10) 设 A,B 为互斥事件，$P(A)=0.4, P(A+B)=0.7$，则 $P(AB)=$ _____ .

3. 选择题：

(1) 下列事件：①明天下雨；②$3>2$；③某国发射航天飞机成功；④$x\in\mathbf{R}, x^2+2<0$；

⑤某商船航行中遭遇海盗;⑥任给$x \in \mathbf{R}, x+2=0$.其中随机事件的个数为(　　)

　　A.1　　　　　　　　　　　　B.2

　　C.3　　　　　　　　　　　　D.4

(2)从6名男生、2名女生中任选3人,则下列事件中,必然事件是(　　)

　　A.3人都是男生　　　　　　　B.至少有1名男生

　　C.3人都是女生　　　　　　　D.至少有1名女生

(3)某人将一枚硬币连续掷10次,正面向上的情况出现了8次,若用A表示"正面向上"这一事件,则A的(　　)

　　A.概率为$\dfrac{4}{5}$　　　　　　　　　　B.频率为$\dfrac{4}{5}$

　　C.频率为8　　　　　　　　　　D.概率接近8

(4)设某厂产品的次品率为2%,估算该厂8000件产品中合格品的件数为(　　)

　　A.160　　　　　　　　　　　B.7840

　　C.7998　　　　　　　　　　 D.7800

(5)某地气象局预报说,明天本地降水的概率为80%,则下列解释正确的是(　　)

　　A.明天本地有80%的区域降水,20%的区域不降水

　　B.明天本地有80%的时间降水,20%的时间不降水

　　C.明天本地降水的可能性是80%

　　D.以上说法均不对

(6)甲、乙两人做游戏,下列游戏中不公平的是(　　)

　　A.掷一枚骰子,向上的点数为奇数则甲胜,向上的点数为偶数则乙胜

　　B.同时抛两枚硬币,恰有一枚正面向上则甲胜,两枚都是正面向上则乙胜

　　C.从一副不含大、小王的扑克牌中抽一张,扑克牌是红色则甲胜,是黑色则乙胜

　　D.甲、乙两人各写一个数,若是同奇或同偶则甲胜,否则乙胜

(7)对同一样本空间来说,若事件A是必然事件,事件B是不可能事件,则事件A与事件B的关系是(　　)

　　A.互斥不对立　　　　　　　　B.对立不互斥

　　C.互斥且对立　　　　　　　　D.不互斥、不对立

(8)某产品分甲、乙、丙三级,其中丙级为不合格.若生产中出现乙级产品的概率为0.03,出现丙级产品的概率为0.01,则对该产品抽查一件,抽到正品的概率为(　　)

　　A.0.09　　　　　　　　　　　B.0.97

　　C.0.99　　　　　　　　　　　D.0.96

(9)抽查10件产品,记事件A为"至少有2件次品",则A的对立事件为(　　)

　　A.至多有2件次品　　　　　　 B.至多有1件次品

　　C.至多有2件正品　　　　　　 D.至少有2件正品

(10)在国庆阅兵中,某兵种A, B, C三个方阵按一定顺序通过主席台,若先后顺序是随机排定的,则B先于A, C通过的概率为(　　)

A. $\dfrac{1}{6}$ B. $\dfrac{1}{3}$

C. $\dfrac{1}{2}$ D. $\dfrac{2}{3}$

4. 指出下列事件是必然事件、不可能事件还是随机事件：

(1) 明年元旦，北京阴天；

(2) 同一门炮向同一目标发射多枚炮弹，其中半数以上的炮弹击中目标；

(3) 没有水分，种子发芽；

(4) 对任意的 $x, y \in \mathbf{R}, x^2 + y^2 \geqslant 0$.

5. 做抛掷红、蓝两枚骰子的试验，用 (x, y) 表示结果，其中 x 表示红色骰子出现的点数，y 表示蓝色骰子出现的点数，写出：

(1) 这个试验的所有结果；

(2) 这个试验的结果的个数；

(3) 事件"出现的点数之和大于8"的所有结果；

(4) 事件"出现的点数相同"的所有结果.

6. 种子公司为了支援农村建设，采购了一批稻谷种子，进行了种子发芽试验，在统计的2000粒种子中有1962粒发芽.

(1) 计算"种子发芽"这个事件发生的频率；

(2) 若用户需要该批稻谷种芽100000粒，则需采购该批稻谷种子多少千克（每千克1000粒）？

7. 从一批乒乓球产品中任取一个，若其质量小于2.45 g的概率为0.22，大于2.50 g的概率为0.35，则其质量在2.45～2.50 g范围内的概率是多少？

8. 从一箱产品中随机地抽取一件产品，设事件 A 为"抽到一等品"，事件 B 为"抽到二等品"，事件 C 为"抽到三等品"，且已知 $P(A) = 0.7, P(B) = 0.1, P(C) = 0.05$，求下列事件的概率：

(1) 事件 D 表示"抽到的是一等品或三等品"；

(2) 事件 E 表示"抽到的是二等品或三等品".

9. 袋中有大小、形状相同的红、黑球各1个，现依次有放回地随机摸取3次，每次取1个球.

(1) 一共有多少种不同的结果？请列出所有可能结果.

(2) 若摸到红球记2分，黑球记1分，求3次摸球所得总分为5的概率.

10. 甲、乙两人做出拳游戏（剪刀、石头、布），求：

(1) 平局的概率；

(2) 甲赢的概率；

(3) 乙赢的概率.

11. 某人进行射击，设每次击中目标的概率是0.02，现独立射击400次，求至少击中2次的概率.（可只列算式，不计算）

第4章 随机变量及其数字特征

上一章介绍了随机事件及其概率,但是它们形式各异增加了解决问题的难度,为此我们在本章引入随机变量来描述随机试验的结果,将这些形式各异的随机事件进行统一描述.通过随机变量的引入既可以将随机试验的结果进行数量化表示,又可借助微积分全面揭示随机现象的内在规律性.

本章主要介绍随机变量的概念、离散型随机变量及其常见分布、连续型随机变量及其常见分布以及随机变量的数字特征——数学期望和方差.

§4.1 离散型随机变量

一、随机变量及其概率分布的概念

我们在讨论随机事件及其概率时发现,随机试验的结果可以用某些实数值加以刻画:在许多随机试验中,随机试验的结果本身就是一个数量;在另一些随机试验中,随机试验的结果虽然不直接表现为数量,但我们可以使其数量化.我们来观察以下几个例子.

例1 10件产品中有3件次品,现从中任取2件进行检验.用 X 表示次品数,X 有三种可能取值,分别为 0,1,2,则事件"检出 k 件次品"可表示为 $\{X=k\}$($k=0,1,2$).显然,X 是一个变量,它取不同的数值表示检验的不同结果,且 X 是以一定的概率取值的.例如,$\{X=2\}$ 表示事件"检出2件次品",且 $P\{X=2\} = \dfrac{C_3^2 C_7^0}{C_{10}^2} = \dfrac{1}{15}$.

例2 掷一枚均匀的骰子一次,观察出现的点数.用 Y 表示出现的点数,Y 取值为 1,2,3,4,5,6,则事件"出现 i 点"可表示为 $\{Y=i\}$($i=1,2,3,4,5,6$).显然,Y 也是一个变量,它取不同的数值表示试验中可能发生的不同结果,且 Y 也是以一定的概率取值的.例如,$\{Y=3\}$ 表示事件"出现3点",且 $P\{Y=3\} = \dfrac{1}{6}$.

例3 在"测试某种电子元件寿命(单位:h)"的试验中,用 Z 表示该种电子元件的寿命,则 Z 的取值由试验的结果所确定,可为区间 $[0, +\infty)$ 上的任意一个数.显然,Z 是一个变量,它取不同的数值表示测试的不同结果.

例4 一批产品的次品率为4%,从中任意抽取一个产品进行检验.在该试验中,结果只有两种可能,要么取出正品,要么取出次品. 我们只要规定变量 $W=1$ 表示"取出正品", $W=0$ 表示"取出次品",即

$$W = \begin{cases} 1, & \text{取出正品}; \\ 0, & \text{取出次品}, \end{cases}$$

就可以使试验的每个结果与一个数值相对应,从而事件"取出正品"可表示为 $\{W=1\}$,事件"取出次品"可表示为 $\{W=0\}$. 这样,尽管试验结果本身不直接表现为数量,但通过上述量化,仍可用变量 W 的不同取值来表示这些结果或事件. 显然, $P\{W=1\} = 1 - 4\% = 96\%$, $P\{W=0\} = 4\%$.

上面例子中的 X,Y,Z,W 具有下列特征:
(1)取值是随机的,事前并不知道取到哪一个值;
(2)所取的每一个值,都对应某一随机事件;
(3)所取的每个值的概率是确定的.

一般地,把表示随机试验结果的变量称为**随机变量**. 随机变量可用英文大写字母 X, Y, Z 等表示,而用英文小写字母 x, y, z 等表示随机变量相应于某个试验结果所取的值.

随机变量与一般变量的区别:随机变量的取值是随机的(试验前只知道它的可能取值范围,但并不能确定它取什么值),且取这些值具有一定的概率,比如 X 取值是 1,相应地有概率 $P\{X=1\}$;一般变量 X 取值是 1,就是 $X=1$.

引入了随机变量,随机试验中的各种事件就可以通过随机变量的取值表达出来. 如在例 1 中,"检出的次品数最多为 1 件"可用 $\{X \leq 1\}$ 表示;在例 2 中"出现的点数大于 3"可用 $\{Y>3\}$ 表示;在例 3 中,"被测试的电子元件寿命在 300~400 h 之间"可用 $\{300 \leq Z \leq 400\}$ 表示.

根据随机变量取值的情况,我们可以把随机变量分为两类:离散型随机变量和非离散型随机变量. 非离散型随机变量的范围很广,其中最重要的是连续型随机变量,本书只研究连续型随机变量.

如果知道了某个随机变量的所有可能取值以及取这些值的概率,也就了解了这个变量的全面信息. 随机变量 X 的取值及其概率的统计规律称为 X 的**概率分布**.

二、离散型随机变量及其分布列

上面例 1、例 2 和例 4 中的随机变量的取值都可以按照一定的次序一一列举出来(即取值是可列个),则称其为**离散型随机变量**.

> **定义 4.1** 设离散型随机变量 X 的所有取值为 $x_1, x_2, \cdots, x_k, \cdots$,并且 X 取各个可能值的概率分别为
>
> $$p_k = P\{X = x_k\}, \quad k = 1, 2, \cdots, \qquad (4-1)$$
>
> 则称式(4-1)为离散型随机变量 X 的**概率分布**,简称**分布列**或**分布**.

式(4-1)也可用表格的形式表示:

X	x_1	x_2	$\cdots$	x_k	$\cdots$
P	p_1	p_2	$\cdots$	p_k	$\cdots$

由定义 4.1 可知,分布列有下面的性质.

性质 4.1 $p_k \geq 0 (k=1,2,\cdots)$.

性质 4.2 $\sum\limits_{k} p_k = 1$.

应当指出的是,只有当 $p_k (k=1,2,\cdots)$ 满足上述两条性质时,它才能成为离散型随机变量的分布列.

例 5 若离散型随机变量 X 的分布列为

$$P\{X=k\} = a \cdot \left(\frac{2}{3}\right)^{k-1} (k=2,3,4,5),$$

求常数 a.

解 由性质 4.2,得

$$\sum_{k=2}^{5} a\left(\frac{2}{3}\right)^{k-1} = a \cdot \frac{\frac{2}{3} \cdot \left[1-\left(\frac{2}{3}\right)^4\right]}{1-\frac{2}{3}} = \frac{130}{81}a = 1,$$

所以 $a = \frac{81}{130}$.

例 6 在例 1 中,求:

(1) 随机变量 X 的分布列; (2) $P\{X \geq 1\}$ 和 $P\{X \leq 2\}$.

解 (1) 由题意知,X 的可能取值为 $0,1,2$.

$\{X=0\}$ 表示事件"检出 0 件次品",所以 $P\{X=0\} = \dfrac{C_3^0 C_7^2}{C_{10}^2} = \dfrac{7}{15}$;

$\{X=1\}$ 表示事件"检出 1 件次品",所以 $P\{X=1\} = \dfrac{C_3^1 C_7^1}{C_{10}^2} = \dfrac{7}{15}$;

$\{X=2\}$ 表示事件"检出 2 件次品",所以 $P\{X=2\} = \dfrac{C_3^2 C_7^0}{C_{10}^2} = \dfrac{1}{15}$.

因此,X 的分布列为

X	0	1	2
P	$\dfrac{7}{15}$	$\dfrac{7}{15}$	$\dfrac{1}{15}$

(2) $P\{X \geq 1\} = P\{X=1\} + P\{X=2\} = \dfrac{7}{15} + \dfrac{1}{15} = \dfrac{8}{15}$,

$P\{X \leq 2\} = P\{X=0\} + P\{X=1\} + P\{X=2\} = \dfrac{7}{15} + \dfrac{7}{15} + \dfrac{1}{15} = 1$.

由例 6 可知,已知随机变量 X 的分布列,就可以计算 X 取任意值或其值落在任意区间的概率.

三、常见的离散型分布

1. 两点分布

在例 4 中,随机变量 W 的分布列为

W	0	1
P	0.04	0.96

上述 W 的分布称为两点分布.

定义 4.2 如果随机变量 X 只取 0,1 两个值,即 $X = \begin{cases} 1, & \text{事件 } A \text{ 发生}; \\ 0, & \text{事件 } A \text{ 不发生}, \end{cases}$
且概率分布为
$$P\{X=1\} = p, \quad P\{X=0\} = 1-p (0<p<1), \quad (4-2)$$
那么称 X 服从**两点分布**(或 0 - 1 分布).

说明:(1)两点分布是简单且又经常遇到的一种分布,一次试验只可能出现两种结果时,便确定一个服从两点分布的随机变量. 如检验产品是否合格、电路是"通路"还是"断路"、新生儿的性别等,相应的随机变量均服从两点分布.

(2)两点分布与伯努利概型紧密相关.

2. 二项分布

在第 3 章我们研究了伯努利概型,若设 X 表示事件 A 在 n 次试验中发生的次数,显然 X 是一个离散型随机变量,它的概率分布就是我们要讨论的二项分布.

定义 4.3 如果随机变量 X 的分布列为
$$P\{X=k\} = C_n^k p^k (1-p)^{n-k} (k=0,1,2,\cdots,n), \quad (4-3)$$
其中 $0<p<1$,那么称随机变量 X 服从参数为 n,p 的**二项分布**,记作 $X \sim B(n,p)$.

由定义 4.3 可知,二项分布是用来描述 n 重伯努利试验的. 特别地,当 $n=1$ 时,二项分布就是两点分布. 之所以称为二项分布,是因为式(4-3)中的 $C_n^k p^k (1-p)^{n-k}$ 正是二项式 $[p+(1-p)]^n$ 的展开式中第 $k+1$ 项.

例 7 某大楼装有两部电梯,每部电梯因故障不能使用的概率均为 0.02,设不能使用的电梯数为 X,求 X 的分布列.

解 因为 $X \sim B(2, 0.02)$,所以 X 的分布列为
$$P\{X=k\} = C_n^k p^k (1-p)^{n-k} = C_2^k (0.02)^k (1-0.02)^{2-k} (k=0,1,2),$$
即

X	0	1	2
P	0.9604	0.0392	0.0004

例 8 设一大批产品的次品率为 10%,现在从中任意抽取 10 件,令 X 表示抽到的次品数,求:

(1)X 的分布列;

(2) 恰好抽到两件次品的概率;

(3) 至多抽到两件次品的概率.

解 把每抽取一件产品看作一次试验,每次试验只有"抽到正品"和"抽到次品"两个可能结果. 由于产品总量很大,抽取的产品数量相对很小,因此可以将此题看作是有放回的抽样,由此可以认为相互独立地进行了 10 次试验,且每次抽到次品的概率 10% 不变,于是抽到的次品数 X 服从参数为 $10, 0.1$ 的二项分布.

(1) 由 $X \sim B(10, 0.1)$,得 X 的分布列为
$$P\{X=k\} = C_n^k p^k (1-p)^{n-k} = C_{10}^k \cdot 0.1^k \cdot 0.9^{10-k} \ (k=0,1,2,\cdots,10).$$

(2) 恰好抽到两件次品的概率为
$$P\{X=2\} = C_{10}^2 \cdot 0.1^2 \cdot 0.9^8 = 0.1937.$$

(3) 至多抽到两件次品的概率为
$$\begin{aligned} P\{X \leqslant 2\} &= P\{X=0\} + P\{X=1\} + P\{X=2\} \\ &= C_{10}^0 \cdot 0.1^0 \cdot 0.9^{10} + C_{10}^1 \cdot 0.1^1 \cdot 0.9^9 + C_{10}^2 \cdot 0.1^2 \cdot 0.9^8 \\ &= 0.9298. \end{aligned}$$

习 题 4−1

1. 下列各表是否能作为离散型随机变量的分布列? 为什么?

(1)

X	1	2	3
P	0.2	0.6	0.1

(2)

X	1	3	5
P	0.2	0.5	0.3

(3)

X	0	1	2	$\cdots$	10
P	$\dfrac{1}{2}$	$\dfrac{1}{2} \times \dfrac{1}{3}$	$\dfrac{1}{2} \times \left(\dfrac{1}{3}\right)^2$	$\cdots$	$\dfrac{1}{2} \times \left(\dfrac{1}{3}\right)^{10}$

2. 掷一枚均匀的骰子一次,试写出出现的点数 X 的分布列,并求 $P\{X>1\}$ 和 $P\{2<X<5\}$.

3. 盒中装有某种产品 15 件,其中有 2 件次品,现从中任取 3 件,试写出取出的次品数 X 的分布列.

4. 据专家分析,某种商品某月平均价格(单位:元)X 的分布列如下表:

X	48	49	50	51	52
P	0.05	0.20	0.35	0.25	0.15

试求：(1) $P\{X<50\}$；(2) $P\{X\leqslant 51\}$；(3) $P\{X\geqslant 49\}$.

5. 已知某地区人群患有某种病的概率是 0.20，研制某种新药对该病有防治作用，现有 15 个人服用该药，结果都没有得该病，求此概率，并说明从这个结果我们对该种新药的效果会得出什么结论.

6. 某工厂生产的螺丝的次品率为 5%. 设每个螺丝是否为次品是相互独立的，该工厂将 10 个螺丝包成一包出售，并保证若发现一包内多于一个次品即可退货. 求某包螺丝中次品个数 X 的分布列和售出的螺丝的退货率.

§4.2 连续型随机变量

上一节研究的离散型随机变量的取值只限于有限个或无限可列个，具有很大局限性. 在实际工作和生活中，如测量某圆柱体零件的直径时所产生的误差、某种电视机的寿命、某地区一天的平均气温等，它们的可能取值充满某个连续区间，像这样在某一个有限或无限区间上取值的随机变量称为连续型随机变量. 由于其取值不能一一列举，因此用离散型随机变量的方法来研究它的概率分布是不可行的，我们需要研究连续型随机变量取值于某一区间的概率才能知道连续型随机变量 X 的概率分布情况.

一、连续型随机变量及其密度函数

定义 4.4 设有随机变量 X，如果存在非负可积函数 $f(x)(-\infty<x<+\infty)$，使得对任意实数 $a,b(a<b)$，有

$$P\{a<X\leqslant b\}=\int_a^b f(x)\mathrm{d}x, \tag{4-4}$$

那么称 X 为**连续型随机变量**，称 $f(x)$ 为 X 的**概率密度函数**，简称**密度函数**或**密度**.

由定义可知，连续型随机变量 X 的密度函数有下列性质.

性质 4.3 $f(x)\geqslant 0.$ $\hspace{4em}(4-5)$

性质 4.4 $\int_{-\infty}^{+\infty}f(x)\mathrm{d}x=P\{-\infty<X<+\infty\}=1.$ $\hspace{2em}(4-6)$

需要指出的是，只有当一个定义在 $(-\infty,+\infty)$ 上的函数 $f(x)$ 满足上述性质时，它才能是某个连续型随机变量的密度函数. 密度函数 $f(x)$ 是一个普通的实值函数，它刻画了随机变量 X 取值的规律.

式 (4-4) 的几何意义如图 4-1 所示，可以看出，随机变量 X 取值在任意区间 (a,b) 的概率等于以 (a,b) 为底、曲线 $y=f(x)$ 为顶的曲边梯形的面积.

式 (4-5) 和式 (4-6) 的几何意义如图 4-2 所示. 式 (4-5) 表示密度函数的曲线位于 x 轴上方，式 (4-6) 表示 $y=f(x)$ 与 x 轴之间的平面图形的面积恒等于 1.

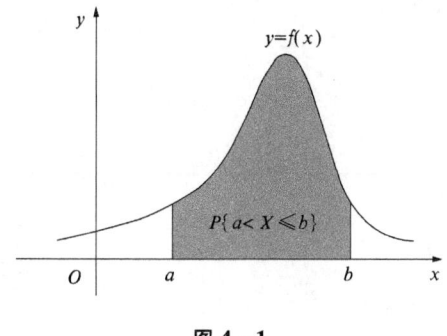

图 4-1

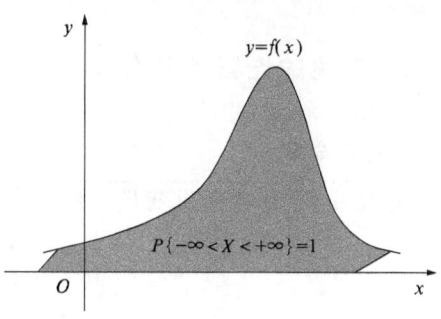

图 4-2

由定义可知,对任意实数 a,恒有 $P\{X=a\}=0$(a 为一常实数),即连续型随机变量 X 取某一实数值的概率恒为零,因而连续型随机变量取值在某一区间的概率与区间端点处有无等号没有关系,即

$$P\{a \leqslant X \leqslant b\} = P\{a < X \leqslant b\} = P\{a \leqslant X < b\} = P\{a < X < b\} = \int_a^b f(x)\,\mathrm{d}x.$$

正是在这一点上它与离散型随机变量的概率计算有原则区别.

例 1 设随机变量 X 的密度函数为

$$f(x) = \begin{cases} a(3x^2+1), & 0 < x < 2; \\ 0, & 其他. \end{cases}$$

试求:

(1) 常数 a; (2) $P\{1 < X \leqslant 3\}$; (3) $P\{X < 1\}$; (4) $P\{X \geqslant 1\}$.

解 (1) 由密度函数的性质 4.4 可知

$$\int_{-\infty}^{+\infty} f(x)\,\mathrm{d}x = \int_{-\infty}^{0} 0\,\mathrm{d}x + \int_0^2 a(3x^2+1)\,\mathrm{d}x + \int_2^{+\infty} 0\,\mathrm{d}x = 10a = 1,$$

因此 $a = \dfrac{1}{10}$.

(2) $P\{1 < X \leqslant 3\} = \int_1^2 \dfrac{1}{10}(3x^2+1)\,\mathrm{d}x + \int_2^3 0\,\mathrm{d}x = \dfrac{4}{5}$.

(3) $P\{X < 1\} = \int_{-\infty}^0 0\,\mathrm{d}x + \int_0^1 \dfrac{1}{10}(3x^2+1)\,\mathrm{d}x = \dfrac{1}{5}$.

(4) $P\{X \geqslant 1\} = \int_1^2 \dfrac{1}{10}(3x^2+1)\,\mathrm{d}x + \int_2^{+\infty} 0\,\mathrm{d}x = \dfrac{4}{5}$.

对于连续型随机变量,其取值的统计规律往往由概率密度函数来确定.下面介绍一些常见的连续型随机变量及其分布.

二、常见的连续型分布

1. 均匀分布

定义 4.5 如果随机变量 X 的概率密度函数为

$$f(x) = \begin{cases} \dfrac{1}{b-a}, & a \leq x \leq b; \\ 0, & \text{其他}, \end{cases} \quad (4-7)$$

那么称 X 在区间 $[a,b]$ 上服从**均匀分布**,记为 $X \sim U(a,b)$.

式(4-7)的图形如图 4-3 所示.

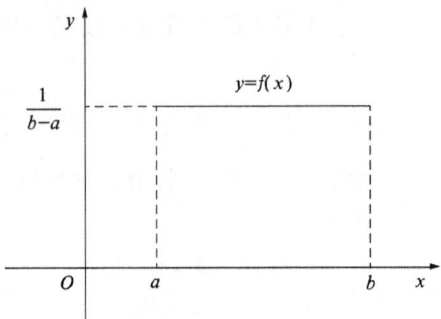

图 4-3

若 X 在 $[a,b]$ 上服从均匀分布,则对任意满足 $a < c < d < b$ 的 c 与 d,由式(4-7)有

$$P\{c \leq X \leq d\} = \int_c^d \frac{1}{b-a} dx = \frac{d-c}{b-a},$$

它表示 X 取值于 $[a,b]$ 上的任一区间 $[c,d]$ 的概率只与区间 $[c,d]$ 的长度成正比,而与该区间在 $[a,b]$ 中的具体位置无关. 之所以称为均匀分布,原因在于 X 落在任意长度相等的子区间内的概率相等.

在实际中,如乘客在公共汽车站候车的时间 X 服从均匀分布;在估计误差时,假设在某近似计算中,数据都只保留到小数点后第四位,而小数点后第五位上的数字按四舍五入处理,若用 x 表示真值, $\tilde{x}$ 表示近似值,则误差 $X = x - \tilde{x}$ 满足 $-0.5 \times 10^{-4} \leq X \leq 0.5 \times 10^{-4}$,可认为 X 在区间 $[-0.5 \times 10^{-4}, 0.5 \times 10^{-4}]$ 上服从均匀分布,这样就能对经过大量运算后的数据进行误差分析.

例 2 一台仪表以 0.1 为一个刻度,读数时选取指针靠近的刻度值,求实际测量值(指针数)与读数之间的偏差:

(1) 小于 0.02 的概率; (2) 大于 0.03 的概率.

解 用 x 表示实际测量值, $\tilde{x}$ 表示读数,$X = x - \tilde{x}$,根据题意有 $-0.05 \leq X \leq 0.05$,因此 X 在 $[-0.05, 0.05]$ 上服从均匀分布. 记 X 的密度函数为 $f(x)$,则

$$f(x) = \begin{cases} \dfrac{1}{0.1}, & -0.05 \leq x \leq 0.05; \\ 0, & \text{其他}. \end{cases}$$

(1) $P\{X<0.02\}=\int_{-\infty}^{0.02}f(x)\mathrm{d}x=\int_{-0.05}^{0.02}\frac{1}{0.1}\mathrm{d}x=10\times0.07=0.7.$

(2) $P\{X>0.03\}=\int_{0.03}^{+\infty}f(x)\mathrm{d}x=\int_{0.03}^{0.05}\frac{1}{0.1}\mathrm{d}x=10\times0.02=0.2.$

2. 指数分布

定义 4.6 如果连续型随机变量 X 的密度函数为

$$f(x)=\begin{cases}\lambda\mathrm{e}^{-\lambda x}, & x\geqslant 0;\\ 0, & x<0\end{cases}\quad(\lambda>0), \tag{4-8}$$

那么称 X 服从参数为 λ 的**指数分布**,记为 $X\sim e(\lambda)$.

指数分布常用来作为各种"寿命"分布的近似,例如电子计算机的寿命、无线电元件的寿命、随机服务系统中的服务时间等都可用指数分布来描述.

例 3 设随机变量 X 服从参数为 2 的指数分布,求 X 的密度函数及 $P\{X\geqslant 1\}$ 和 $P\{-1<X\leqslant 3\}$.

解 由式(4-8)可得,X 的密度函数为

$$f(x)=\begin{cases}2\mathrm{e}^{-2x}, & x\geqslant 0;\\ 0, & x<0,\end{cases}$$

则

$$P\{X\geqslant 1\}=\int_{1}^{+\infty}2\mathrm{e}^{-2x}\mathrm{d}x=-\mathrm{e}^{-2x}\big|_{1}^{+\infty}=\mathrm{e}^{-2},$$

$$P\{-1<X\leqslant 3\}=\int_{-1}^{3}f(x)\mathrm{d}x=\int_{0}^{3}2\mathrm{e}^{-2x}\mathrm{d}x=1-\mathrm{e}^{-6}.$$

3. 正态分布

在§2.2 例 2 中,我们作出了 120 袋食品质量的频率直方图,并指出了:忽略其他次要因素的影响,对于同一种袋装食品,当抽取所得质量数据无限增多时,这条折线无限接近于一条光滑曲线,这种曲线又称为正态分布密度曲线. 它对应的函数可近似地表示为

$$f(x)=\frac{1}{\sigma\sqrt{2\pi}}\mathrm{e}^{-\frac{(x-\mu)^2}{2\sigma^2}},\quad x\in(-\infty,+\infty),$$

式中的实数 $\mu,\sigma(\sigma>0)$ 是参数,称以 $f(x)$ 为密度函数的随机变量服从正态分布.

1) 正态分布的定义

定义 4.7 如果连续型随机变量 X 的密度函数为

$$f(x)=\frac{1}{\sigma\sqrt{2\pi}}\mathrm{e}^{-\frac{(x-\mu)^2}{2\sigma^2}}\quad(-\infty<x<+\infty), \tag{4-9}$$

其中 $\mu,\sigma(\sigma>0)$ 是两个常数,那么称 X 服从参数为 μ,σ 的**正态分布**,记为 $X\sim N(\mu,\sigma^2)$. 这时 X 也称为**正态变量**.

正态分布是概率论中最常见最重要的一个分布. 许多实际问题中的变量,例如测量误差、各种产品的质量指标(如零件尺寸、材料的强度等)、人的身高或体重、某种植物的株高、某城市一天的用电量、某个教学班的考试成绩等,都可认为服从正态分布. 进一步的理论研究表明,一个变量如果受到大量微小的、独立的随机因素的影响,那么这个变量一般是一个正态变量. 在历史上,高斯(Gauss)曾对正态分布的研究作出了贡献,因此正态分布

也称为高斯分布.

2) 正态分布密度函数的图形

图 4-4 给出了正态分布密度函数 $y=f(x)$ 的图形,称为**正态曲线**. 图 4-5 给出了当 $\mu=1$,σ 分别为 0.5,1 和 2 时的正态曲线.

正态曲线具有以下特征:

① 关于直线 $x=\mu$ 对称,当 $x=\mu$ 时,$f(x)$ 达到最大值,最大值为 $\dfrac{1}{\sigma\sqrt{2\pi}}$.

② 当 $x\to\pm\infty$ 时,$f(x)\to 0$,即 $y=f(x)$ 以 x 轴为渐近线.

③ 若固定 σ,改变 μ 的值,则曲线 $y=f(x)$ 沿着 x 轴平行移动,曲线的几何形状不变,可见曲线的位置完全由参数 μ 确定. 若固定 μ,改变 σ 的值,则 σ 越小 $y=f(x)$ 的图形越陡峭;反之,σ 越大 $y=f(x)$ 的图形越平缓. 因此 σ 刻画了随机变量取值的分散程度,即 σ 越小,取值分散程度越小,σ 越大,取值分散程度越大(见图 4-5).

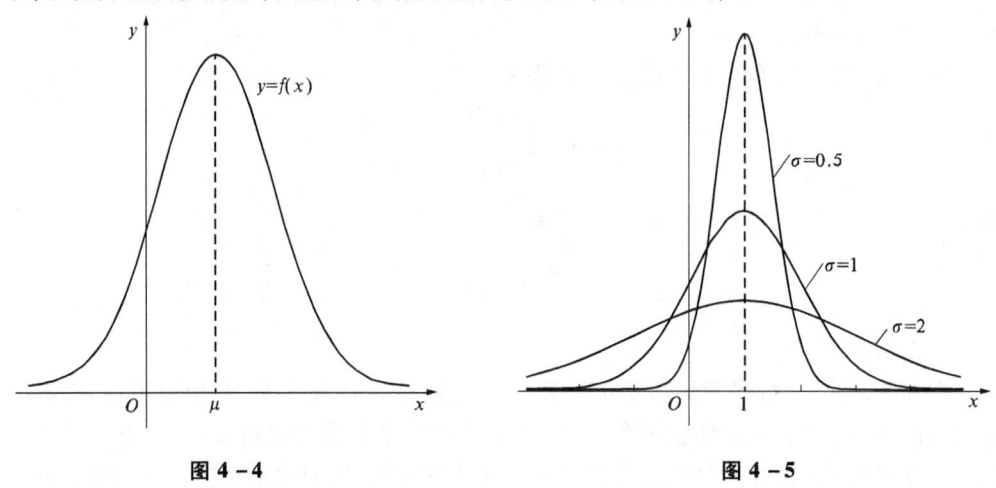

图 4-4   图 4-5

特别地,当 $\mu=0$,$\sigma=1$ 时,称 X 服从**标准正态分布**,即 $X\sim N(0,1)$,其密度函数记为

$$\varphi(x)=\dfrac{1}{\sqrt{2\pi}}\mathrm{e}^{-\frac{x^2}{2}}\quad(-\infty<x<+\infty),\tag{4-10}$$

$\varphi(x)$ 的图形(即标准正态曲线)如图 4-6 所示,它关于 y 轴对称.

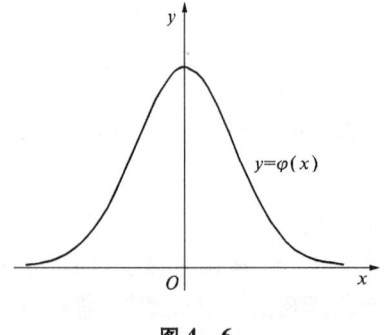

图 4-6

三、连续型随机变量的分布函数

1. 连续型随机变量分布函数的定义

定义 4.8 对于连续型随机变量 X,若其密度函数为 $f(x)$,则称函数

$$F(x) = P\{X \leqslant x\} = \int_{-\infty}^{x} f(t)\,\mathrm{d}t \tag{4-11}$$

为连续型随机变量 X 的**分布函数**.

分布函数 $F(x)$ 具有如下性质.

性质 4.5 $0 \leqslant F(x) \leqslant 1$.

性质 4.6 $F(x)$ 是单调不减函数,且

$$F(+\infty) = \lim_{x \to +\infty} P\{X \leqslant x\} = 1, \quad F(-\infty) = \lim_{x \to -\infty} P\{X \leqslant x\} = 0.$$

性质 4.7 $\int_{a}^{b} f(x)\,\mathrm{d}x = F(b) - F(a)$.

2. 标准正态分布的分布函数

设 $X \sim N(0,1)$,由式(4-11)知,标准正态分布的分布函数为

$$P\{X \leqslant x\} = \int_{-\infty}^{x} \varphi(t)\,\mathrm{d}t = \int_{-\infty}^{x} \frac{1}{\sqrt{2\pi}} \mathrm{e}^{-\frac{t^2}{2}}\,\mathrm{d}t,$$

记为 $\varPhi(x)$,即

$$\varPhi(x) = \int_{-\infty}^{x} \frac{1}{\sqrt{2\pi}} \mathrm{e}^{-\frac{t^2}{2}}\,\mathrm{d}t. \tag{4-12}$$

它在几何上表示图 4-7 中阴影部分的面积.

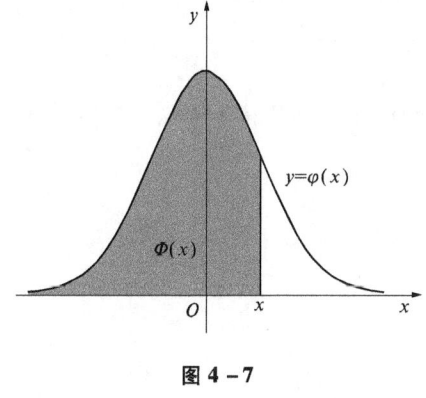

图 4-7

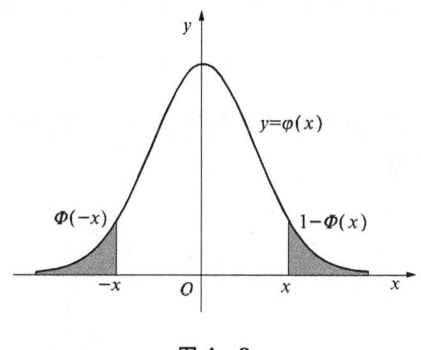

图 4-8

3. 正态分布的概率计算

1)标准正态分布的概率计算

设随机变量 $X \sim N(0,1)$,由式(4-12)知,X 在区间 $(a,b]$ 上的概率为

$$P\{a < X \leqslant b\} = \int_{a}^{b} \varphi(x)\,\mathrm{d}x = \int_{a}^{b} \frac{1}{\sqrt{2\pi}} \mathrm{e}^{-\frac{x^2}{2}}\,\mathrm{d}x = \varPhi(b) - \varPhi(a). \tag{4-13}$$

于是，求事件$\{a<X\leq b\}$的概率就转化为了求$\Phi(x)$的值，而$\Phi(x)$值的计算是很困难的，为此数学工作者编制了它的近似值表，称为**标准正态分布表**（见附表1），供我们使用。因此，对于标准正态分布的概率计算只要查表就行了。如查表求$\Phi(1.65)$的值，在标准正态分布表中第1列找到1.6的行，再从表顶行找到0.05的列，它们交叉处的数"0.9505"就是所求的$\Phi(1.65)$的值。

用标准正态分布表时，有以下几种情况：

① 因表中x的范围为$[0,3.09]$，因此，当$x\in[0,3.09]$时，可直接查表，当$x>3.09$时，取$\Phi(x)\approx 1$；

② 由于$\varphi(x)$是偶函数，由图4-8可知，$\Phi(-x)=1-\Phi(x)$，$\Phi(0)=0.5$；

③ $P\{X<b\}=P\{X\leq b\}=\Phi(b)$；

④ $P\{X\geq a\}=P\{X>a\}=1-\Phi(a)$；

⑤ $P\{a<X\leq b\}=\Phi(b)-\Phi(a)$；

⑥ $P\{|X|<b\}=P\{-b<X<b\}=\Phi(b)-\Phi(-b)=2\Phi(b)-1$。

例4 设随机变量$X\sim N(0,1)$，求：

(1) $P\{X\leq 2\}$； (2) $P\{1<X<2\}$； (3) $P\{|X|<1\}$； (4) $P\{X>1\}$。

解 (1) $P\{X\leq 2\}=\Phi(2)\xrightarrow{\text{查表}}0.9772$.

(2) $P\{1<X<2\}=\Phi(2)-\Phi(1)=0.9772-0.8413=0.1359$.

(3) $P\{|X|<1\}=P\{-1<X<1\}=\Phi(1)-\Phi(-1)$
$\qquad\qquad\quad=2\Phi(1)-1=2\times 0.8413-1=0.6826$.

(4) $P\{X>1\}=1-P\{X\leq 1\}=1-\Phi(1)=1-0.8413=0.1587$.

2) 一般正态分布的概率计算

设随机变量$X\sim N(\mu,\sigma^2)$，X落在区间$(a,b]$上的概率可根据

$$P\{a<X\leq b\}=\int_a^b \frac{1}{\sigma\sqrt{2\pi}}e^{-\frac{(x-\mu)^2}{2\sigma^2}}dx$$

来计算，但直接计算很困难，我们需要应用定积分的换元法将其转化为标准正态分布的概率计算。

$$P\{a<X\leq b\}=\int_a^b \frac{1}{\sigma\sqrt{2\pi}}e^{-\frac{(x-\mu)^2}{2\sigma^2}}dx\xrightarrow{\diamondsuit t=\frac{x-\mu}{\sigma}}\int_{\frac{a-\mu}{\sigma}}^{\frac{b-\mu}{\sigma}}\frac{1}{\sqrt{2\pi}}e^{-\frac{t^2}{2}}dt$$

$$=\Phi\left(\frac{b-\mu}{\sigma}\right)-\Phi\left(\frac{a-\mu}{\sigma}\right),$$

即 $\qquad\qquad P\{a<X\leq b\}=\Phi\left(\frac{b-\mu}{\sigma}\right)-\Phi\left(\frac{a-\mu}{\sigma}\right).\qquad\qquad$ (4-14)

类似地，有 $\qquad\qquad P\{X\leq b\}=\Phi\left(\frac{b-\mu}{\sigma}\right).\qquad\qquad$ (4-15)

上述推导过程说明：如果$X\sim N(\mu,\sigma^2)$，那么$Y=\frac{X-\mu}{\sigma}\sim N(0,1)$。称线性代换$Y=\frac{X-\mu}{\sigma}$为随机变量$X$的**标准正态化**。

利用上面的结果,可以将一般正态变量的概率转化为标准正态变量的概率来查表计算.

例 5 设 $X \sim N(3,2^2)$,求:

(1) $P\{X \leq 4\}$; (2) $P\{|X| \leq 2\}$; (3) $P\{X > 6\}$.

解 (1)令 $Y = \dfrac{X-3}{2}$,则 $Y \sim N(0,1)$,由式(4-15)得

$$P\{X \leq 4\} = \Phi\left(\frac{4-\mu}{\sigma}\right) = \Phi\left(\frac{4-3}{2}\right) = \Phi(0.5) = 0.6915.$$

(2) $P\{|X| \leq 2\} = P\{-2 \leq X \leq 2\} = \Phi\left(\dfrac{2-3}{2}\right) - \Phi\left(\dfrac{-2-3}{2}\right)$

$$= \Phi(-0.5) - \Phi(-2.5) = 1 - \Phi(0.5) - [1 - \Phi(2.5)]$$

$$= \Phi(2.5) - \Phi(0.5) = 0.9938 - 0.6915 = 0.3023.$$

(3) $P\{X > 6\} = 1 - P\{X \leq 6\} = 1 - \Phi\left(\dfrac{6-3}{2}\right)$

$$= 1 - \Phi(1.5) = 1 - 0.9332 = 0.0668.$$

例 6 某时期某储蓄所每天的存款余额(单位:万元)是一个随机变量 X,且 $X \sim N(4.5,0.25)$. 求:

(1) X 小于 5 万元的概率; (2) X 大于 3 万元的概率.

解 由 $X \sim N(4.5,0.25)$ 知,$\mu = 4.5, \sigma = 0.5$.

(1) X 小于 5 万元的概率为

$$P\{X < 5\} = \Phi\left(\frac{5-4.5}{0.5}\right) = \Phi(1) = 0.8413.$$

(2) X 大于 3 万元的概率为

$$P\{X > 3\} = 1 - P\{X \leq 3\} = 1 - \Phi\left(\frac{3-4.5}{0.5}\right)$$

$$= 1 - [1 - \Phi(3)] = \Phi(3) = 0.9987.$$

例 7 已知成年男子身高(单位:cm)是一个随机变量 X,且 $X \sim N(170,6^2)$. 某种公共汽车车门的高度是按成年男子碰头的概率在 1% 以下来设计的,则车门的高度最少应为多少?

解 设车门的最小高度为 x cm,根据题意,应有 $P\{X \geq x\} = 1\%$,

于是, $$P\{X < x\} = 99\%,$$

即 $$\Phi\left(\frac{x-170}{6}\right) = 0.99,$$

查表得, $$\frac{x-170}{6} \approx 2.33,$$

解得 $x \approx 183.98$ (cm).

因此,车门的高度最少应为 184 cm.

例 8 若 $X \sim N(\mu,\sigma^2)$,求:$P\{|X-\mu| < \sigma\}, P\{|X-\mu| < 2\sigma\}, P\{|X-\mu| < 3\sigma\}$.

解 $P\{|X-\mu| < \sigma\} = P\{\mu - \sigma < X < \mu + \sigma\}$

$$= \Phi\left(\frac{\mu+\sigma-\mu}{\sigma}\right) - \Phi\left(\frac{\mu-\sigma-\mu}{\sigma}\right)$$
$$= \Phi(1) - \Phi(-1) = 2\Phi(1) - 1 = 0.6826.$$

类似地,有
$$P\{|X-\mu|<2\sigma\} = 2\Phi(2) - 1 = 0.9544,$$
$$P\{|X-\mu|<3\sigma\} = 2\Phi(3) - 1 = 0.9974.$$

上例说明了统计工作中经常使用的"3σ"准则,即服从正态分布 $N(\mu,\sigma^2)$ 的随机变量 X 的取值有 99.7% 左右落在区间 $(\mu-3\sigma,\mu+3\sigma)$ 中,仅有 3‰ 左右落在区间 $(\mu-3\sigma,\mu+3\sigma)$ 之外,因此实际应用中 X 常在区间 $(\mu-3\sigma,\mu+3\sigma)$ 中取值.

4. 标准正态分布的分位数

> **定义 4.9** 设随机变量 $X \sim N(0,1)$,对给定的实数 $\alpha(0<\alpha<1)$,满足条件
> $$P\{X>u_\alpha\} = \alpha \tag{4-16}$$
> 的数 u_α 称为标准正态分布的**上侧 α 分位数**或**上侧临界值**,满足条件
> $$P\{|X|>u_{\frac{\alpha}{2}}\} = \alpha \tag{4-17}$$
> 的数 $u_{\frac{\alpha}{2}}$ 称为标准正态分布的**双侧 α 分位数**或**双侧临界值**.

式(4-16)和式(4-17)的几何意义分别如图 4-9 和图 4-10 所示.

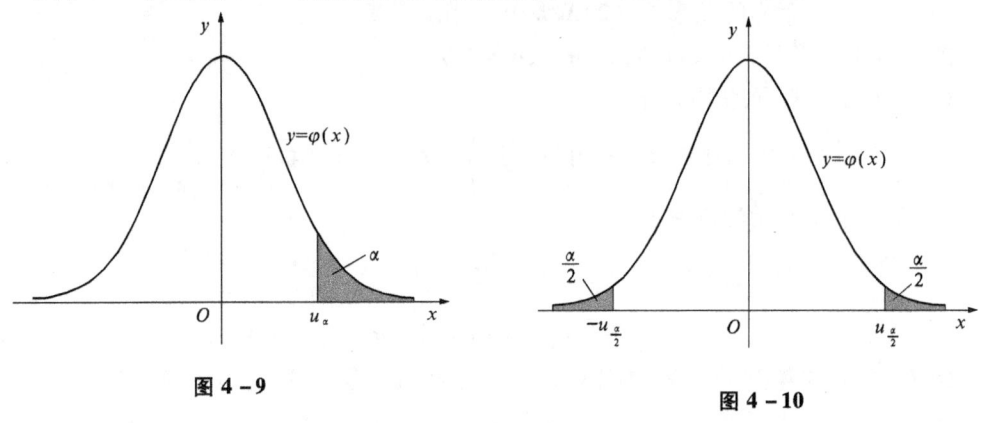

图 4-9 图 4-10

例 9 设 $\alpha = 0.05$,求标准正态分布的上侧分位数和双侧分位数.

解 由 $P\{X>u_{0.05}\} = 0.05$,得 $P\{X \leq u_{0.05}\} = 1 - 0.05 = 0.95$,即 $\Phi(u_{0.05}) = 0.95$,查标准正态分布表可得 $u_{0.05} = 1.645$,故 $\alpha = 0.05$ 时上侧分位数为 $u_{0.05} = 1.645$.

$\alpha = 0.05$ 时双侧分位数为 $u_{\frac{0.05}{2}}$,它满足
$$P\{X>u_{\frac{0.05}{2}}\} = \frac{0.05}{2},$$
则
$$P\{X \leq u_{\frac{0.05}{2}}\} = 0.975,$$
即 $\Phi(u_{\frac{0.05}{2}}) = 0.975$,查标准正态分布表可得 $u_{\frac{0.05}{2}} = 1.96$,故 $\alpha = 0.05$ 时双侧分位数为 $u_{\frac{0.05}{2}} = 1.96$.

在实际问题中,常用到下面几个分位数:

α	上侧分位数	双侧分位数
0.01	$u_{0.01}=2.326$	$u_{\frac{0.01}{2}}=2.575$
0.05	$u_{0.05}=1.645$	$u_{\frac{0.05}{2}}=1.96$

习 题 4–2

1. 设随机变量 X 的密度函数为 $f(x)=\begin{cases} kx, & 0\leqslant x<3; \\ 2-\dfrac{x}{2}, & 3\leqslant x\leqslant 4; \\ 0, & \text{其他}. \end{cases}$

(1) 试确定常数 k;   (2) 求 $P\{2\leqslant X<5\}$.

2. 已知随机变量 $X\sim U(0,10)$,求:

(1) X 的密度函数;   (2) $P\{X<3\}$, $P\{X\geqslant 6\}$ 与 $P\{3<X\leqslant 8\}$.

3. 设 $X\sim N(0,1)$,查表求下列各值:

(1) $\Phi(0.6)$;   (2) $\Phi(-0.6)$;   (3) $P\{|X|<1.65\}$;   (4) $P\{-2.4\leqslant X\leqslant -0.2\}$.

4. 下列各图中的曲线都是标准正态曲线,求阴影部分的面积.

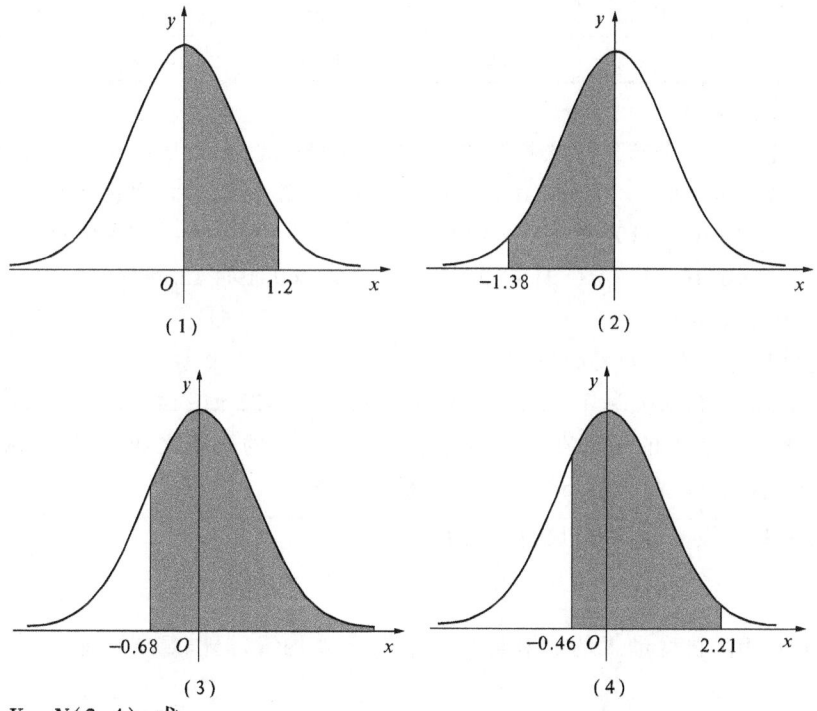

5. 设 $X\sim N(3,4)$,求:

(1) $P\{2<X<5\}$;   (2) $P\{X>0\}$;   (3) $P\{|X|<1.65\}$.

6. 某厂计划对全厂 5% 的月产量最高的工人发放特别奖金. 已知该厂工人的月产量 $Y \sim N(3000,1600)$, 问:发放特别奖金的最低产量应为多少?

7. 已知某饮料的重量服从正态分布 $N(245,2.5^2)$, 重量在 245 ± 5 mL 的范围内都是合格品,求合格品的概率.

§4.3 随机变量的数字特征

随机变量的概率分布全面地描述了随机变量的统计规律性,但在许多实际问题中,我们并不需要去了解这个规律性的全貌,而只要知道足以说明分布性质的某些重要特征. 例如,在检查灯泡或其他电子产品的质量时,我们关心的是它们的平均寿命及它们的寿命与平均寿命的偏离程度. 随机变量的数字特征,就是描述随机变量的某种特征的量. 本节介绍最常用的数字特征——数学期望和方差.

一、随机变量的数学期望

1. 离散型随机变量的数学期望

引例 在对某种零件长度的 n 次检测中,已知长度 X(单位:mm)的分布列如下:

X	118	119	120	121	122
P	0.16	0.21	0.30	0.19	0.14

估计平均长度是多少.

分析 根据 X 的分布列, n 次检测中,大约有 $0.16n$ 次为 118 mm, $0.21n$ 次为 119 mm, $0.30n$ 次为 120 mm, $0.19n$ 次为 121 mm, $0.14n$ 次为 122 mm, 则 n 次总长度为

$$118 \times 0.16n + 119 \times 0.21n + 120 \times 0.30n + 121 \times 0.19n + 122 \times 0.14n$$
$$= (118 \times 0.16 + 119 \times 0.21 + 120 \times 0.30 + 121 \times 0.19 + 122 \times 0.14)n$$
$$= 119.94n \text{(mm)}.$$

从而, n 次检测的平均长度大约是

$$118 \times 0.16 + 119 \times 0.21 + 120 \times 0.30 + 121 \times 0.19 + 122 \times 0.14 = 119.94 \text{(mm)}.$$

可见,零件长度 X 的平均值为 X 的各个值与其概率的乘积之和,也就是以概率为权数的加权平均数,这就是我们要学习的数学期望的概念.

定义 4.10 设离散型随机变量 X 的分布列为
$$P\{X = x_k\} = p_k (k = 1,2,\cdots,n),$$
则称 $\sum_{k=1}^{n} x_k p_k$ 为随机变量 X 的**数学期望**,简称**期望**或**均值**,记作 $E(X)$,即

$$E(X) = \sum_{k=1}^{n} x_k p_k. \qquad (4-18)$$

当 X 的可能取值 x_k 为无限可列个,$P\{X = x_k\} = p_k(k = 1,2,\cdots)$ 时,若 $\sum\limits_{k=1}^{+\infty} x_k p_k$ 存在,则 $E(X) = \sum\limits_{k=1}^{+\infty} x_k p_k$.

对于离散型随机变量 X 的函数 $Y = f(X)$,其数学期望的计算公式如下:

如果 $f(X)$ 的数学期望存在,那么

$$E[f(X)] = \sum_k f(x_k) p_k (k = 1,2,\cdots). \tag{4-19}$$

例 1 某产品的一等品率为 70%,二等品率为 20%,三等品率为 10%. 如果一等品、二等品及三等品的售价分别为 10 元、8 元、5 元,求该产品的平均售价.

解 设 X 为产品的售价,它的分布列为

X	10	8	5
P	0.7	0.2	0.1

则该产品的平均售价为

$$E(X) = 10 \times 0.7 + 8 \times 0.2 + 5 \times 0.1 = 9.1(元).$$

例 2 设随机变量 X 的概率分布为

X	-1	0	2	3
P	$\dfrac{1}{4}$	$\dfrac{1}{8}$	$\dfrac{1}{4}$	$\dfrac{3}{8}$

求 $E(X), E(X^2)$.

解
$$E(X) = (-1) \times \frac{1}{4} + 0 \times \frac{1}{8} + 2 \times \frac{1}{4} + 3 \times \frac{3}{8} = \frac{11}{8},$$

$$E(X^2) = (-1)^2 \times \frac{1}{4} + 0^2 \times \frac{1}{8} + 2^2 \times \frac{1}{4} + 3^2 \times \frac{3}{8} = \frac{37}{8}.$$

2. 连续型随机变量的数学期望

定义 4.11 设连续型随机变量 X 的密度函数为 $f(x)$,如果积分 $\int_{-\infty}^{+\infty} xf(x)\mathrm{d}x$ 存在,那么称此积分 $\int_{-\infty}^{+\infty} xf(x)\mathrm{d}x$ 为随机变量 X 的**数学期望**,记作 $E(X)$,即

$$E(X) = \int_{-\infty}^{+\infty} xf(x)\mathrm{d}x. \tag{4-20}$$

对于连续型随机变量 X 的函数 $Y = g(X)$,其数学期望的计算公式如下:

如果 $g(X)$ 的数学期望存在,那么

$$E[g(X)] = \int_{-\infty}^{+\infty} g(x)f(x)\mathrm{d}x, \tag{4-21}$$

其中 $f(x)$ 为 X 的密度函数.

从定义 4.10 和 4.11 可以看出,若将求和号看作积分号,则离散型随机变量和连续型随机变量关于数学期望的定义是一致的.

例 3 设随机变量 X 服从均匀分布,密度函数为

$$f(x) = \begin{cases} \dfrac{1}{5}, & 0 \leq x \leq 5; \\ 0, & \text{其他}. \end{cases}$$

求 $E(X)$ 和 $E(3X^2)$.

解 $E(X) = \int_{-\infty}^{+\infty} xf(x)\,\mathrm{d}x = \int_0^5 x \cdot \dfrac{1}{5}\,\mathrm{d}x = \dfrac{1}{10} \cdot x^2 \big|_0^5 = \dfrac{5}{2}$,

$E(3X^2) = \int_{-\infty}^{+\infty} g(x)f(x)\,\mathrm{d}x = \int_0^5 3x^2 \cdot \dfrac{1}{5}\,\mathrm{d}x = \dfrac{1}{5} \cdot x^3 \big|_0^5 = 25.$

3. 数学期望的性质

下面给出数学期望的几个性质,假设所提到的数学期望总是存在的.

性质 4.8 $E(c) = c$（c 为任意常数）.

性质 4.9 $E(cX) = cE(X)$（c 为常数,且 $c \neq 0$）.

性质 4.10 设 X,Y 是任意两个随机变量,则有

$$E(X \pm Y) = E(X) \pm E(Y).$$

这一性质可以推广到有限个随机变量和的情形,即

$$E\left(\sum_{k=1}^n X_k\right) = \sum_{k=1}^n E(X_k).$$

性质 4.11 $E(aX + b) = aE(X) + b$（a,b 为常数,且 $a \neq 0$）.

例 4 已知随机变量 X 的密度函数为

$$f(x) = \begin{cases} 2(1-x), & 0 < x < 1; \\ 0, & \text{其他}. \end{cases}$$

求 $E(X)$ 和 $E(3X-2)$.

解 $E(X) = \int_{-\infty}^{+\infty} xf(x)\,\mathrm{d}x = \int_0^1 x \cdot 2(1-x)\,\mathrm{d}x = 2\left(\dfrac{x^2}{2} - \dfrac{x^3}{3}\right)\bigg|_0^1 = \dfrac{1}{3};$

根据性质 4.11,有

$$E(3X-2) = 3E(X) - 2 = 3 \times \dfrac{1}{3} - 2 = -1.$$

二、随机变量的方差

1. 方差的定义

随机变量 X 的数学期望描述了 X 取值的平均水平,它是随机变量的一个重要特征,但在许多实际问题中,还需要了解随机变量与其均值的偏离程度.

引例 甲、乙两人在相同条件下进行射击,设 X,Y 分别表示甲、乙的命中环数,它们的分布列分别为

X	6	7	8	9	10
P	0	0.1	0.2	0.6	0.1

Y	6	7	8	9	10
P	0.05	0.1	0.3	0.2	0.35

试比较甲、乙两人的射击水平.

解 计算甲、乙两人命中环数 X,Y 的数学期望,即均值:
$$E(X) = 6 \times 0 + 7 \times 0.1 + 8 \times 0.2 + 9 \times 0.6 + 10 \times 0.1 = 8.7,$$
$$E(Y) = 6 \times 0.05 + 7 \times 0.1 + 8 \times 0.3 + 9 \times 0.2 + 10 \times 0.35 = 8.7.$$

$E(X) = E(Y)$,这说明从平均命中环数看,二人射击水平相当,那么这两人的射击水平是否完全一样呢?

观察分布列可以看出:甲命中的环数比较集中,60%集中在9环,与均值偏离较小;而乙命中的环数比较分散,与均值偏离较大.这说明甲比较稳定,乙的波动较大,因而从稳定程度这个角度来说,甲的水平要强于乙的水平.由此可见,要比较甲、乙两人的射击水平,只了解随机变量的均值是不够的,还必须研究它们的取值与均值之间的偏离程度.

随机变量 X 与其均值 $E(X)$ 之差 $X - E(X)$ 称为 X 的离差.离差可以反映随机变量 X 与其均值 $E(X)$ 的偏离程度,但离差的值有正有负,也有可能是零,离差均值 $E[X - E(X)]$ 为零.为了消除离差负数,容易想到用 $|X - E(X)|$ 的均值 $E[|X - E(X)|]$ 来度量 X 与其均值 $E(X)$ 的偏离程度,但由于含有绝对值,运算上不方便,因此我们用离差的平方 $[X - E(X)]^2$ 的均值 $E[X - E(X)]^2$ 来衡量随机变量 X 与其均值 $E(X)$ 的偏离程度,这就是下面要介绍的方差.

定义 4.12 设 X 是一个随机变量,如果 $E[X - E(X)]^2$ 存在,那么称 $E[X - E(X)]^2$ 为 X 的**方差**,记作 $D(X)$,即 $D(X) = E[X - E(X)]^2$. (4-22)

称 $\sqrt{D(X)}$ 为标准差或均方差,记作 $\sigma(X)$. $D(X)$ 和 $\sigma(X)$ 都是描述 X 的离散程度的量.它们的值越大,表明 X 的取值越分散;它们的值越小,表明 X 的取值越集中.由于 $\sigma(X)$ 与 X 的量纲相同,因此在实际应用中,更多地采用 $\sigma(X)$ 来描述 X 的离散程度,而 $D(X)$ 则更多地用于理论研究.

随机变量的方差是一个常数.当 X 的可能取值集中在均值附近时,方差较小;反之方差较大.

根据方差的定义和数学期望的性质,还可以推出下面的方差简化公式:
$$D(X) = E(X^2) - [E(X)]^2. \tag{4-23}$$

2. 离散型随机变量的方差计算

定义 4.13 如果离散型随机变量 X 的分布列为 $P\{X = x_k\} = p_k$,那么 X 的方差为
$$D(X) = \sum_k [x_k - E(X)]^2 p_k. \tag{4-24}$$

例 5 计算引例中随机变量 X,Y 的方差 $D(X)$ 和 $D(Y)$.

解一 利用方差的定义式(4-24),得
$$D(X) = (6 - 8.7)^2 \times 0 + (7 - 8.7)^2 \times 0.1 + (8 - 8.7)^2 \times 0.2$$
$$+ (9 - 8.7)^2 \times 0.6 + (10 - 8.7)^2 \times 0.1 = 0.61;$$
$$D(Y) = (6 - 8.7)^2 \times 0.05 + (7 - 8.7)^2 \times 0.1 + (8 - 8.7)^2 \times 0.3$$

$$+ (9-8.7)^2 \times 0.2 + (10-8.7)^2 \times 0.35 = 1.41.$$

解二 利用方差的简化公式(4-23)计算.

因为 $E(X) = 8.7, \quad E(Y) = 8.7,$

$$E(X^2) = 6^2 \times 0 + 7^2 \times 0.1 + 8^2 \times 0.2 + 9^2 \times 0.6 + 10^2 \times 0.1 = 76.3,$$
$$E(Y^2) = 6^2 \times 0.05 + 7^2 \times 0.1 + 8^2 \times 0.3 + 9^2 \times 0.2 + 10^2 \times 0.35 = 77.1,$$

所以,由式(4-23)可得

$$D(X) = E(X^2) - [E(X)]^2 = 76.3 - 8.7^2 = 0.61,$$
$$D(Y) = E(Y^2) - [E(Y)]^2 = 77.1 - 8.7^2 = 1.41.$$

由计算结果可知,$D(Y) > D(X)$,这证实了引例中乙的命中环数离散程度较大,而甲的命中环数离散程度较小,所以甲的射击水平好一些.

例6 计算本节例2中的方差.

解 $$D(X) = E(X^2) - [E(X)]^2 = \frac{37}{8} - \left(\frac{11}{8}\right)^2 = \frac{175}{64}.$$

3. 连续型随机变量的方差计算

> **定义 4.14** 如果连续型随机变量 X 的密度函数为 $f(x)$,那么 X 的方差为
> $$D(X) = \int_{-\infty}^{+\infty} [x - E(X)]^2 f(x) \mathrm{d}x. \qquad (4-25)$$

例7 设 X 在区间 $[a,b]$ 上服从均匀分布,密度函数为

$$f(x) = \begin{cases} \dfrac{1}{b-a}, & a \leq x \leq b; \\ 0, & \text{其他.} \end{cases}$$

求 $D(X)$.

解 $$E(X^2) = \int_a^b \frac{x^2}{b-a} \mathrm{d}x = \frac{x^3}{3(b-a)} \bigg|_a^b = \frac{1}{3}(a^2 + ab + b^2),$$

又 $$E(X) = \int_{-\infty}^{+\infty} x f(x) \mathrm{d}x = \int_a^b \frac{x}{b-a} \mathrm{d}x = \frac{1}{2}(a+b),$$

所以 $$D(X) = E(X^2) - [E(X)]^2 = \frac{1}{3}(a^2 + ab + b^2) - \frac{(a+b)^2}{4} = \frac{(b-a)^2}{12}.$$

4. 方差的性质

性质 4.12 $D(c) = 0$ (c 为任意常数).

性质 4.13 $D(cX) = c^2 D(X)$ (c 为常数).

性质 4.14 $D(aX + b) = a^2 D(X)$ (a,b 为常数).

例8 计算本节例4中的 $D(X)$ 和 $D(3X - 2)$.

解 $$E(X^2) = \int_0^1 x^2 \cdot 2(1-x) \mathrm{d}x = 2\int_0^1 (x^2 - x^3) \mathrm{d}x = \frac{1}{6},$$

$$E(X) = \frac{1}{3},$$

根据式(4-23),得

$$D(X) = E(X^2) - [E(X)]^2 = \frac{1}{6} - \left(\frac{1}{3}\right)^2 = \frac{1}{18}.$$

由性质 4.14,得 $$D(3X-2)=3^2D(X)=9\times\frac{1}{18}=\frac{1}{2}.$$

三、常见分布的数学期望和方差

我们将常用的分布列(或密度函数)及其均值和方差汇集成表,如表 4-1 所示.

表 4-1 常见的分布列(或密度函数)及其均值和方差

分布名称	分布列或密度函数	均值	方差
两点分布 (0-1 分布)	$P\{X=1\}=p,\ P\{X=0\}=q$ $0<p<1,\ q=1-p$	p	pq
二项分布 $X\sim B(n,p)$	$P\{X=k\}=C_n^k p^k q^{n-k}$ $(k=0,1,2,\cdots,n)$ $0<p<1,\ q=1-p$	np	npq
均匀分布 $X\sim U(a,b)$	$f(x)=\begin{cases}\dfrac{1}{b-a}, & a\leqslant x\leqslant b;\\ 0, & \text{其他}\end{cases}$	$\dfrac{a+b}{2}$	$\dfrac{(b-a)^2}{12}$
指数分布 $X\sim e(\lambda)$	$f(x)=\begin{cases}\lambda e^{-\lambda x}, & x\geqslant 0;\\ 0, & x<0\end{cases}$ $(\lambda>0)$	$\dfrac{1}{\lambda}$	$\dfrac{1}{\lambda^2}$
正态分布 $X\sim N(\mu,\sigma^2)$	$f(x)=\dfrac{1}{\sigma\sqrt{2\pi}}e^{-\frac{(x-\mu)^2}{2\sigma^2}}$ $x\in(-\infty,+\infty)$	μ	σ^2

例 9 某厂每天生产大批产品,次品率为 1%,检验员每天检验 4 次,每次随机抽取 10 件产品,如果发现 10 件产品中次品多于 1 件,就去调整设备. 以 X 表示一天中调整设备的次数,试求 $E(X),D(X)$.

解 设在一次检验中需调整设备的概率为 p,即 10 件产品中次品多于 1 件的概率,则
$$p=1-0.9^{10}-10\times 0.1\times 0.9^9=0.2639,$$
由 $q=1-p$,得 $q=1-0.2639=0.7361.$
又 $X\sim B(4,p)$,故
$$E(X)=np=4\times 0.2639\approx 1.0556,$$
$$D(X)=npq=4\times 0.2639\times 0.7361\approx 0.7770.$$

习题 4-3

1. 设随机变量 X 的概率分布为

X	-1	0	2	3
P	$\frac{1}{2}$	$\frac{1}{6}$	$\frac{1}{6}$	$\frac{1}{6}$

求 $E(X), E(2X-1), E(X^2)$.

2. 一批产品中有一等品、二等品、三等品、等外品、废品五种,它们各占该产品的 70%、10%、10%、6% 及 4%,若其价格分别为 6 元、5 元、4 元、3 元及 0 元,求该产品的平均价格.

3. 设随机变量 X 的密度函数为
$$f(x)=\begin{cases}2x, & 0<x<1;\\ 0, & 其他.\end{cases}$$
求:(1) $E(X)$;(2) $D(X)$;(3) $D(3X+2)$.

4. 设某射手每次击中目标的概率是 0.95,现连续射击 20 次,求:
(1) 击中目标次数 X 的概率分布;(2) $E(X), D(X)$.

复习题 4

1. 填空题:
(1) 某批产品的合格率为 90%,现在对该批产品进行检测,设第 X 次首次检测到合格品,则 X 的分布列为_____.

(2) 已知离散型随机变量 X 的分布列为 $P\{X=k\}=\frac{k}{15}(k=1,2,3,4,5)$,则 $P\left\{\frac{1}{2}<X<\frac{5}{2}\right\}=$ _____.

(3) 100 件产品中有 3 件次品,从中抽取 5 件,用 X 表示 5 件中的次品数,写出下列事件的概率表达式(不计算):$P\{X=2\}=$ _____,$P\{X\geq 1\}=$ _____,$P\{X\leq 2\}=$ _____.

(4) 若离散型随机变量 X 的概率分布为 $P\{X=x_k\}=p_k(k=1,2,\cdots)$,则 p_k 满足_____,_____.

(5) 若 $f(x)$ 为连续型随机变量 X 的概率密度函数,则 $f(x)$ 满足_____,_____.

(6) 设连续型随机变量 X 的密度函数为

$$f(x) = \begin{cases} \dfrac{8}{9}x^2, & 0 < x < a; \\ 0, & \text{其他}, \end{cases}$$

其中 a 为常数,则常数 $a = $ _____.

(7) 设随机变量 $X \sim N(10, 4)$, 试用 $\Phi(x)$ $(x \geq 0)$ 的表达式表示下列概率: $P\{X \leq 8\}$ = _____, $P\{X \geq 16\}$ = _____, $P\{8 \leq X \leq 13\}$ = _____.

(8) 设 X 为连续型随机变量,则称函数 _____ 为随机变量 X 的分布函数.

(9) 当 X 的数学期望 $E(X)$ 和 $E(X^2)$ 都存在时, X 的方差的简化计算公式为 $D(X) = $ _____.

(10) 已知离散型随机变量 X 的概率分布为

X	1	3	5
P	0.2	0.5	0.3

则 $E(X) = $ _____, $D(X) = $ _____, $E(5X-2) = $ _____, $D(5X-2) = $ _____.

(11) 设随机变量 X 服从均匀分布

$$f(x) = \begin{cases} \dfrac{1}{5}, & 2 \leq x \leq 7; \\ 0, & \text{其他}, \end{cases}$$

则 $E(X) = $ _____, $D(X) = $ _____.

(12) 设随机变量 $X \sim B(5, 0.1)$, 则 $E(X) = $ _____, $D(X) = $ _____.

2. 选择题:

(1) 某人打靶命中率为 0.9, 若独立地射击 5 次, 则 5 次中恰有 2 次命中的概率为 (   )

    A. $0.9^2 \times 0.1^3$ B. 0.9^2 C. $\dfrac{2}{5} \times 0.9^2$ D. $C_5^2 \times 0.9^2 \times 0.1^3$

(2) 已知离散型随机变量 X 的概率分布为

X	-1	0	1	2
P	$\dfrac{3}{16}$	$\dfrac{1}{8}$	$\dfrac{1}{4}$	$\dfrac{7}{16}$

则下列概率计算结果中 (   ) 正确.

    A. $P\{X=3\} = 0$ B. $P\{X=0\} = 0$

    C. $P\{X > -1\} = 1$ D. $P\{X < 2\} = 1$

(3) 设 $X \sim N(\mu, \sigma^2)$, $\Phi(x)$ 为标准正态分布函数, 则 $P\{a \leq X \leq b\} = ($ $)$

    A. $\Phi(b) - \Phi(a)$ B. $\Phi(b-\mu) - \Phi(a-\mu)$

    C. $\Phi\left(\dfrac{b-\mu}{\sigma}\right) - \Phi\left(\dfrac{a-\mu}{\sigma}\right)$ D. $\Phi\left(\dfrac{b-\mu}{\sigma^2}\right) - \Phi\left(\dfrac{a-\mu}{\sigma^2}\right)$

(4) 设 $X \sim N(2, 3^2)$, 且 $Y = 2X - 3$, 则 $Y \sim ($ $)$

    A. $N(1, 1.5^2)$ B. $N(1, 6^2)$ C. $N(1, 1^2)$ D. $N(1, 3^2)$

(5) 设 X 为随机变量,若其数学期望 $E(X)$ 存在,则 $E[E(X)] = ($ $)$

    A. 0   B. $E(X)$ C. $E(X^2)$ D. $E[E(X)]^2$

(6) 设 $X \sim N(\mu, \sigma^2)$,则 $P\{|X-\mu| \leq 2\sigma\} = ($ $)$

    A. 0.6826   B. 0.9645   C. 0.9545   D. 0.9977

3. 抛掷两枚均匀的骰子,用 X 表示出现的点数之和. 试求:

(1) X 的分布列;

(2) "点数之和大于 3"的概率.

4. 5 件产品中含有 3 件正品,现从中随机抽取产品,试在下列两种情况下分别求出直到取得正品为止所需次数的分布列:

(1) 每次取出的产品观察后立即放回,然后再取下一件产品;

(2) 每次取出的产品都不放回.

5. 设某射手每次射击击中目标的概率为 0.5,现连续射击 10 次,求击中目标的次数 X 的分布列. 又设至少命中 3 次才可以参加下一步的考核,求此射手不能参加考核的概率.

6. 设

$$f(x) = \begin{cases} k(4x - 2x^2), & 0 < x < 2; \\ 0, & \text{其他} \end{cases}$$

是某连续型随机变量 X 的概率密度函数,求:

(1) 常数 k;   (2) $P\{1 < X < 3\}$;   (3) $P\{X < 1\}$.

7. 某公共汽车站每隔 8 分钟发一班车,一乘客在任何一时刻到达车站是等可能的,试求:

(1) 此乘客等车时间 X 的密度函数;

(2) 等车时间超过 3 分钟但不到 6 分钟的概率;

(3) 等车时间不超过 5 分钟的概率,等车时间超过 5 分钟的概率.

8. 某种灯泡的寿命(单位:h) X 服从 $\lambda = \dfrac{1}{1000}$ 的指数分布,现有一只这样的灯泡,求其寿命不少于 500 h 的概率.

9. 某厂生产一种设备,其寿命的均值为 10 年,标准差为 2 年. 如该设备的寿命服从正态分布,问:整批设备中寿命不低于 9 年的所占比例为多少?

10. 设 $X \sim N(18, 9)$.

(1) 求 $P\{11.1 < X < 17.6\}$;

(2) 求常数 a,使得 $P\{X < a\} = 0.90$;

(3) 求常数 a,使得 $P\{|X - a| > a\} = 0.01$.

11. 某班一次数学考试成绩 $X \sim N(70, 10^2)$,若规定低于 60 分为"不及格",高于 85 分为"优秀",问该班:

(1) 数学成绩"优秀"的学生占总人数的百分之几?

(2) 数学成绩"不及格"的学生占总人数的百分之几?

12. 在某项有奖销售中,每 10 万份奖券中有 1 个头奖(奖金 10000 元),2 个二等奖

(奖金 5000 元),500 个三等奖(奖金 100 元),10000 个四等奖(奖金 5 元),试求每张奖券的奖金期望值,如果每张奖券卖 3 元,那么销售一张奖券平均获利多少?(假设奖券全部卖光)

13. 对圆的直径进行测量,设测量的直径值均匀地分布在区间 $[a,b]$ 上,求圆面积的平均值.

第5章 统计分析初步

前面概率论中介绍了随机变量及其概率分布和数字特征,描述了随机现象的统计规律性.但是在很多实际问题中,随机变量的概率分布是未知的,或者分布的类型已知而分布中所包含的参数未知.例如,一定地域范围内,成年男性(或女性)的身高 X 服从正态分布(即 $X \sim N(\mu, \sigma^2)$),但均值 μ 或方差 σ^2 往往是未知的.因此,如何估计、推断随机变量的分布或分布参数是生产实践和科学研究中的一项重要工作,也是统计分析的重要内容.

随机变量之间的关系不同于高等数学中所研究的确定性函数关系.一个随机变量的变动会引起另一个随机变量的变动,但变动的结果不是唯一确定的,而是带有一定的随机性.例如,家庭消费支出与收入之间的关系,即使家庭收入相同,家庭消费支出也往往不同,这是因为家庭消费支出不仅受收入的影响,还受家庭人口、生活习惯等其他随机因素的影响.要研究这类随机变量间的关系就要用到回归分析的知识.

本章将主要介绍总体与样本、常用统计量和分布、参数估计以及一元线性回归分析等统计分析中的基本知识和应用.

§5.1 常用统计量和分布

一、总体与样本

人们通常把研究对象的全体称为总体,而把组成总体的每一个对象(或元素)称为个体.在统计分析中,人们往往不关注总体的一切指标(或属性),而只关心总体的某项指标(或属性)的数字特征及分布.因此,在统计分析中,称研究对象的某项指标(或属性)值的全体为**总体**,而把每个指标(或属性)值称为**个体**,总体中所包含的个体的数量称为**总体的容量**.例如,为考察某批电子元件的质量,只需关注它们的"寿命"这一指标,这时该批电子元件的寿命值的全体就可作为总体,而每只电子元件的寿命值就是个体.若一总体中的个体数是有限的,则称该总体为**有限总体**,否则称为**无限总体**.

由于受种种偶然因素的影响,即使在相同的条件下,总体中不同个体的指标值也不尽相同,它们具有随机性且有一定的统计规律性,因此,总体可以看成是具有一定概率分布的随机变量,常记为 X, Y 等.例如,要考察一定地域范围内成年男性的身高状况,则可将该地域内成年男性身高值的全体看作总体,它是一个随机变量,记为 X,且研究表明 X 服从正态分布(即 $X \sim N(\mu, \sigma^2)$).

在实际问题中,总体所对应的随机变量的分布常常是未知的,或者分布类型已知而分布中的参数未知,这就要通过试验测试总体中每个个体的指标值来确定.但是,实际进行的测试往往具有破坏性,即便测试不具有破坏性,从经济学的角度(减少测试中的人力、物力、时间的消耗),也需要从总体中抽取有限个个体进行测试(即进行抽样测试).这种从同一总体中抽出的若干个个体所组成的集合称为**样本**,样本中所包含的样品个数称为**样本容量**.显然,从总体 X 中随机抽取的 n 个个体可看作 n 个随机变量 $X_1, X_2, \cdots, X_n$,相应地,容量为 n 的样本常记为 $(X_1, X_2, \cdots, X_n)$.每次抽取样本后,所得到的一组具体数值 $(x_1, x_2, \cdots, x_n)$ 称为样本的**观测值**或**样本值**.

例如,从某年龄段的学生中任意抽取 10 名,测得他们的身高(单位:cm)如下:

126, 124, 126, 129, 120, 132, 125, 123, 129, 128.

记该年龄段所有学生的身高值为 X,所抽取的 10 名学生的身高值依次为 $X_1, X_2, \cdots, X_{10}$,则它们都是随机变量,$(X_1, X_2, \cdots, X_{10})$ 就是从总体 X 中抽取的容量为 10 的样本.这次抽样测试中,所得 10 名学生的一组身高值 $(126, 124, \cdots, 128)$ 就是样本值.

为了使抽取的样本能很好地反映总体信息,要求从总体 X 中抽取的样本 $(X_1, X_2, \cdots, X_n)$ 满足下面两个条件:

(1) $X_1, X_2, \cdots, X_n$ 相互独立;

(2) $X_1, X_2, \cdots, X_n$ 与总体 X 具有相同的概率分布.

满足上面两个条件的抽样称为**简单随机抽样**,得到的样本称为**简单随机样本**.对于无限总体,无论是放回抽样还是不放回抽样,得到的样本均可看成是简单随机样本;对于有限总体,按放回抽样得到的样本是简单随机样本,按不放回抽样得到的样本不是简单随机样本,但当总体容量 N 远远大于样本容量 n(通常 $\frac{n}{N} \leq 0.1$)时,可把不放回抽样所得到的样本近似地看作简单随机样本.以后没有特别声明,本书所提到的样本均为简单随机样本.

二、常用统计量

在实际问题和统计分析中,需要利用获得的样本值对总体的分布或分布中的参数进行估计和推断,但并不是直接利用样本进行估计和推断,而是通过对样本进行一番提炼和加工,即针对不同的问题构造出样本的函数来对总体进行推断.这种样本的函数就称为统计量.

> **定义 5.1** 设 $(X_1, X_2, \cdots, X_n)$ 为来自总体 X 的样本,$f(X_1, X_2, \cdots, X_n)$ 是 $X_1, X_2, \cdots, X_n$ 的函数,且其中不含任何未知参数,则称 $f(X_1, X_2, \cdots, X_n)$ 为统计量.

例如,设总体 $X \sim N(5, \sigma^2)$,σ^2 未知,$(X_1, X_2, \cdots, X_n)$ 为来自总体 X 的样本,则 $\overline{X} = \frac{1}{n} \sum_{i=1}^{n} X_i, Y = \sum_{i=1}^{n} X_i^2$ 均是统计量,而 $Z = \frac{\overline{X} - 5}{\sigma}$ 不是统计量.

设 $(X_1, X_2, \cdots, X_n)$ 为来自总体 X 的样本,下面给出几个统计分析中常用的统计量.

(1) 样本均值:
$$\overline{X} = \frac{1}{n}\sum_{i=1}^{n} X_i.$$

(2) 样本方差:
$$S^2 = \frac{1}{n-1}\sum_{i=1}^{n}(X_i - \overline{X})^2.$$

(3) 样本标准差:
$$S = \sqrt{\frac{1}{n-1}\sum_{i=1}^{n}(X_i - \overline{X})^2}.$$

(4) k 阶样本中心距:
$$B_k = \frac{1}{n}\sum_{i=1}^{n}(X_i - \overline{X})^k, \quad k = 1, 2, \cdots.$$

说明: (1) 上面所给出的统计量都是随机变量. 当 $X_1, X_2, \cdots, X_n$ 取一组具体的样本值 $(x_1, x_2, \cdots, x_n)$ 时, 统计量用小写字母表示. 例如, 样本均值表示为 $\overline{x} = \frac{1}{n}\sum_{i=1}^{n} x_i$, 样本方差表示为 $s^2 = \frac{1}{n-1}\sum_{i=1}^{n}(x_i - \overline{x})^2$.

(2) 样本均值和样本方差是最重要、最常用的两个统计量. 样本均值 $\overline{X}$ 反映了样本数据的平均位置; 样本方差 S^2 刻画了样本数据对均值的离散程度, S^2 越大, 样本均值的代表性越小, S^2 越小, 样本均值的代表性越大.

(3) 二阶样本中心距 $B_2 = \frac{1}{n}\sum_{i=1}^{n}(X_i - \overline{X})^2$ 又称为未修正样本方差, 当 n 很大时, 它常用来近似计算样本方差 S^2.

事实上, 当给定一组样本值时, 样本均值和样本方差的计算与第 2 章中的平均数和方差的计算方法一样, 而其他统计量的计算将在后面学习中用到, 这里不再举例说明.

三、常用统计量的分布

从总体中抽取样本后, 通常要借助样本的统计量对总体的分布或分布中的参数进行估计和推断, 这就需要进一步确定统计量所服从的分布. 数理统计的研究表明, 除了概率论中介绍的正态分布, 常用统计量的分布还有 χ^2 分布, t 分布和 F 分布.

1. χ^2 分布

> **定义 5.2** 设 $(X_1, X_2, \cdots, X_n)$ 是取自标准正态总体 $N(0,1)$ 的样本, 则称统计量
> $$\chi^2 = X_1^2 + X_2^2 + \cdots + X_n^2 \tag{5-1}$$

服从自由度为 n 的 χ^2 分布,记为 $\chi^2 \sim \chi^2(n)$,其中自由度 n 是指式(5-1)右端所包含的独立变量的个数.

χ^2 分布是由赫尔默特(Helmert)和 K. 皮尔逊(K. Pearson)分别于 1875 年和 1900 年给出的. 它主要用于对总体方差的估计和检验以及独立性检验等.

χ^2 分布的密度函数 $f(x)$ 比较复杂,超出了本书范围,这里不再给出,它的图形如图 5-1 所示.

由图 5-1 可以看出,χ^2 分布的密度函数图形随着 n 的不同而不同,且是不对称的,但随着 n 的增大逐渐趋于对称.

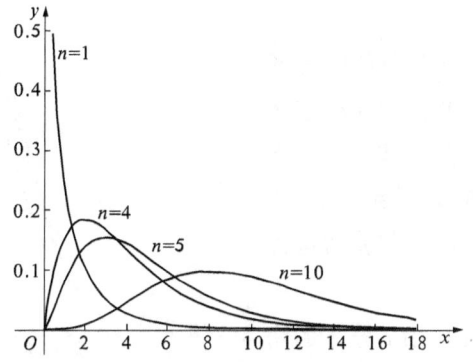

图 5-1

由于 χ^2 分布的密度函数比较复杂,直接利用密度函数进行概率的计算是很困难的,因此,与 χ^2 分布有关的概率计算通常要借助 χ^2 分布的上侧 α 分位数表来完成. 下面给出 χ^2 分布的上侧 α 分位数的定义.

定义 5.3 设 $\chi^2 \sim \chi^2(n)$,对于给定的实数 $\alpha(0<\alpha<1)$,称满足
$$P\{\chi^2 > \chi_\alpha^2(n)\} = \int_{\chi_\alpha^2(n)}^{+\infty} f(x) \mathrm{d}x = \alpha$$
的数 $\chi_\alpha^2(n)$ 为 $\chi^2(n)$ 分布的上侧 α 分位数(见图 5-2).

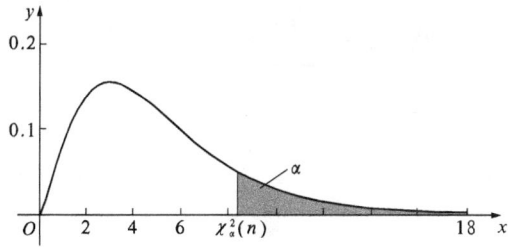

图 5-2

对不同的 α 和 n,将分位数的值编制成表(见附表 2)以供查用. 例如,查附表 2 可得, $\chi_{0.05}^2(10) = 18.307, \chi_{0.1}^2(25) = 34.382$.

说明:附表 2 只给出了自由度 $n \leqslant 45$ 时的上侧分位数;当 $n > 45$ 时,可利用 Matlab 等数学软件来计算(具体计算方法见第 6 章).

2. t 分布

定义 5.4 设随机变量 $X \sim N(0,1)$, $Y \sim \chi^2(n)$, 且 X 与 Y 相互独立, 则称随机变量
$$t = \frac{X}{\sqrt{Y/n}}$$
服从自由度为 n 的 t 分布, 记为 $t \sim t(n)$.

t 分布是小样本分布(即样本容量 $n \leq 30$), 它常用于总体标准差未知时, 用样本标准差代替总体标准差及由样本平均数推断总体平均数的显著性检验. t 分布的密度函数 $f(x)$ 比较复杂, 这里也不再给出, 它的图形如图 5-3 所示.

由图 5-3 可以看出, t 分布的密度函数图形关于 y 轴对称, 其形状与标准正态分布 $N(0,1)$ 的密度曲线相似. 当 n 充分大时, t 分布将趋向于 $N(0,1)$ (事实上, 当 $n \geq 30$ 时, 二者便很接近, 此时 t 分布可以用 $N(0,1)$ 来近似).

与 χ^2 分布类似, 直接利用 t 分布的密度函数进行概率的计算是很困难的. 因此, 与 t 分布有关的概率计算通常要借助 t 分

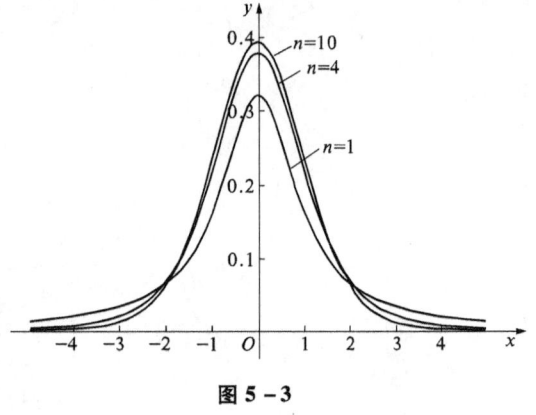

图 5-3

布的上侧 α 分位数表来完成. 下面给出 t 分布的上侧 α 分位数和双侧 α 分位数的定义.

定义 5.5 设 $t \sim t(n)$, 对于给定的实数 $\alpha (0 < \alpha < 1)$, 称满足
$$P\{t > t_\alpha(n)\} = \int_{t_\alpha(n)}^{+\infty} f(x) \mathrm{d}x = \alpha$$
的数 $t_\alpha(n)$ 为 $t(n)$ 分布的上侧 α 分位数(见图 5-4(a)), 称满足
$$P\{|t| > t_{\frac{\alpha}{2}}(n)\} = P\{t > t_{\frac{\alpha}{2}}(n)\} + P\{t < -t_{\frac{\alpha}{2}}(n)\} = \alpha$$
的数 $t_{\frac{\alpha}{2}}(n)$ 为 $t(n)$ 分布的双侧 α 分位数(见图 5-4(b)).

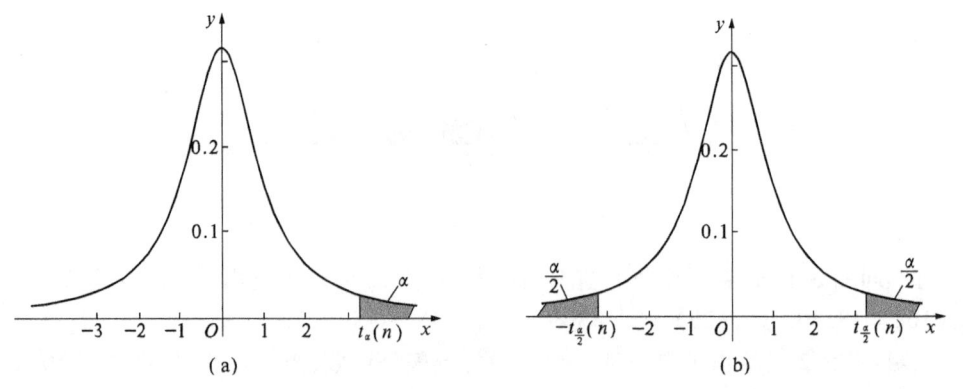

图 5-4

对不同的 α 和 n,将分位数的值编制成表(见附表3)以供查用.例如,查附表3可得,当 $n=10, \alpha=0.05$ 时, $t_\alpha(n)=t_{0.05}(10)=1.8125, t_{\frac{\alpha}{2}}(10)=t_{0.025}(10)=2.2281$.

说明:(1)由 t 分布的对称性,可知
$$t_{1-\alpha}(n) = -t_\alpha(n), \quad t_{1-\frac{\alpha}{2}}(n) = -t_{\frac{\alpha}{2}}(n).$$

(2)当 $n>30$ 时,可利用 Matlab 数学软件来求分位数的值(具体计算方法见第6章),也可利用近似公式
$$t_\alpha(n) \approx u_\alpha$$
来计算,其中 u_α 为标准正态分布 $N(0,1)$ 的上侧 α 分位数.

3. F 分布

F 分布是由英国统计学家费希乐(R. A. Fisher)给出,并以其姓氏的第一个字母命名的,它主要用于方差分析和回归分析等.

> **定义5.6** 设随机变量 $X \sim \chi^2(m), Y \sim \chi^2(n)$,且 X 与 Y 相互独立,则称随机变量
> $$t = \frac{X/m}{Y/n}$$
> 服从自由度为 (m,n) 的 F 分布,记为 $F \sim F(m,n)$.

F 分布的密度函数 $f(x)$ 比较复杂,这里也不再给出,其图形如图5-5所示.

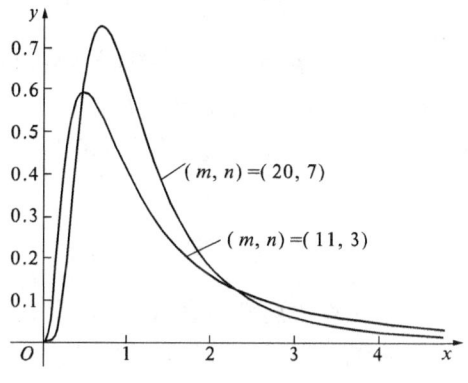

图 5-5

由图5-5可以看出,F 分布的密度函数图形随着 (m,n) 的不同而不同,且不对称.直接利用 F 分布的密度函数进行概率的计算也是很困难的,与 F 分布有关的概率计算通常要借助 F 分布的上侧 α 分位数表来完成.下面给出 F 分布的上侧 α 分位数的定义.

> **定义5.7** 设 $F \sim F(m,n)$,对于给定的实数 $\alpha(0<\alpha<1)$,称满足
> $$P\{F > F_\alpha(m,n)\} = \int_{F_\alpha(m,n)}^{+\infty} f(x)\,\mathrm{d}x = \alpha$$
> 的数 $F_\alpha(m,n)$ 为 $F(m,n)$ 分布的上侧 α 分位数(见图5-6).

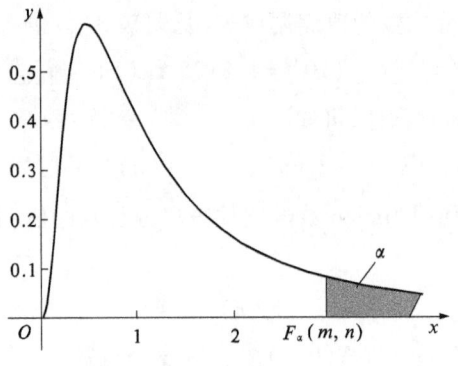

图 5-6

对不同的 α 和自由度 (m,n)，将分位数的值编制成表（见附表4）以供查用. 例如，查附表4可得，$F_{0.05}(10,5)=4.74$，$F_{0.1}(10,10)=2.32$.

说明：附表4列出了常用 F 分布的分位数值，更多的分位数可以通过 Matlab 等数学软件来计算（具体计算方法见第6章）.

习题 5-1

1. 设总体 $X \sim N(\mu,\sigma^2)$，其中参数 μ 未知，σ^2 已知，X_1,X_2,X_3,X_4,X_5 为来自总体 X 的样本. 试指出下列哪些式子是统计量？哪些不是统计量？

(1) $\dfrac{1}{5}\sum\limits_{i=1}^{5} X_i - \mu$；　　　　(2) $\sum\limits_{i=1}^{5} \dfrac{(X_i - \overline{X})^2}{\sigma^2}$；

(3) $\dfrac{1}{3}(X_1 + X_2 + X_3)$；　　　　(4) $\sum\limits_{i=1}^{5}(X_i - \mu)^2$.

2. 某厂检验科月末从生产的滚珠中随机抽取 10 个，测得它们的直径（单位：mm）为
14.6，14.7，15.1，14.9，14.8，15.0，15.1，15.2，14.8，14.7.
试计算样本均值 $\bar{x}$ 和样本方差 s^2.

3. 查表求下列 χ^2 分布的上侧分位数：

(1) $\chi^2_{0.95}(10)$；　　(2) $\chi^2_{0.05}(5)$；　　(3) $\chi^2_{0.99}(30)$；　　(4) $\chi^2_{0.01}(20)$.

4. 查表求下列 F 分布的上侧分位数：

(1) $F_{0.05}(4,6)$；　　(2) $F_{0.025}(3,7)$；　　(3) $F_{0.01}(12,10)$.

5. 查表求下列 t 分布的上侧分位数：

(1) $t_{0.1}(10)$；　　(2) $t_{0.01}(15)$；　　(3) $t_{0.025}(5)$；　　(4) $t_{0.005}(20)$.

6. 求下列 t 分布的双侧分位数：

(1) $\alpha=0.01, n=15$；　　(2) $\alpha=0.1, n=6$.

§5.2 参 数 估 计

在实际问题中,当所研究的总体分布类型已知,但分布中有一个或多个未知参数时,就要根据样本构造合适的统计量来估计未知参数,这就是参数估计所要解决的问题. 例如,已知某一年龄段人的身高 $X \sim N(\mu,\sigma^2)$,但均值 μ 和方差 σ^2 未知,那么如何通过抽取的样本信息估计 μ 和 σ^2 就是参数估计所要解决的问题.

常用的参数估计有两种形式:点估计和区间估计,其中点估计中最简单、最常用的方法是数字特征法. 下面主要介绍常用的数字特征法和区间估计.

一、点估计

1. 点估计的概念

设 θ 是总体 X 分布中的未知参数,$(X_1,X_2,\cdots,X_n)$ 是从总体 X 中抽取的样本,$(x_1,x_2,\cdots,x_n)$ 是样本的一组观测值,为估计未知参数 θ,构造一个合适的统计量

$$\hat{\theta}(X_1,X_2,\cdots,X_n),$$

然后用其观测值

$$\hat{\theta}(x_1,x_2,\cdots,x_n)$$

来估计 θ 的值. 于是,称 $\hat{\theta}(X_1,X_2,\cdots,X_n)$ 为 θ 的**估计量**,$\hat{\theta}(x_1,x_2,\cdots,x_n)$ 为 θ 的**估计值**,这种估计参数的方法称为**点估计**. 显然,估计量 $\hat{\theta}(X_1,X_2,\cdots,X_n)$ 是随机变量,对于不同的样本观测值,θ 的估计值 $\hat{\theta}(x_1,x_2,\cdots,x_n)$ 是不同的.

构造合适的估计量是参数点估计的关键,方法有很多,下面介绍最简单、最常用的数字特征法.

2. 数字特征法

数字特征法是统计分析中最常用的一种估计方法,其基本思想是用样本的数字特征来估计总体的数字特征. 设 μ,σ^2 为总体 X 的均值和方差,$(X_1,X_2,\cdots,X_n)$ 是从总体 X 中抽取的样本.

(1) 用样本均值 $\overline{X}$ 作为总体均值 μ 的点估计量,即

$$\hat{\mu} = \overline{X} = \frac{1}{n}\sum_{i=1}^{n} X_i.$$

(2) 用样本方差 S^2 作为总体方差 σ^2 的点估计量,即

$$\hat{\sigma}^2 = S^2 = \frac{1}{n-1}\sum_{i=1}^{n}(X_i - \overline{X})^2, \quad \hat{\sigma} = S = \sqrt{\frac{1}{n-1}\sum_{i=1}^{n}(X_i - \overline{X})^2}.$$

当 $(X_1,X_2,\cdots,X_n)$ 取一组具体的样本值 $(x_1,x_2,\cdots,x_n)$ 时,μ,σ^2 和 σ 的点估计值分别为

$$\hat{\mu} = \bar{x} = \frac{1}{n}\sum_{i=1}^{n} x_i, \quad \hat{\sigma}^2 = s^2 = \frac{1}{n-1}\sum_{i=1}^{n}(x_i - \bar{x})^2,$$

$$\hat{\sigma} = s = \sqrt{\frac{1}{n-1}\sum_{i=1}^{n}(x_i - \bar{x})^2}.$$

例1 为了了解大学生的上网情况,在某高校随机采访了20名大学生,得到他们每周的上网时间(单位:h)如下:

7, 6, 10, 5, 6, 8, 9, 15, 4, 6, 14, 6, 8, 20, 7, 8, 11, 4, 5, 8.

试用数字特征法估计该校大学生每周上网的平均时间和标准差.

解 根据题意,这是要求用样本均值和样本标准差来估计总体的均值和标准差.因此,有

$$\hat{\mu} = \bar{x} = \frac{1}{20}(7 + 6 + 10 + \cdots + 4 + 5 + 8) = 8.35(\text{h}),$$

$$\hat{\sigma} = s = \sqrt{\frac{1}{19}[(7-8.35)^2 + (6-8.35)^2 + \cdots + (5-8.35)^2 + (8-8.35)^2]}$$

$$\approx 4.03(\text{h}).$$

3. 估计量的评判标准

事实上,对于同一个未知参数,可以用不同的估计量来估计.例如,总体的方差可以用样本方差来估计(即 $\hat{\sigma}^2 = S^2 = \frac{1}{n-1}\sum_{i=1}^{n}(X_i - \bar{X})^2$),也可以用样本的二阶中心矩来估计(即 $\hat{\sigma}^2 = B_2 = \frac{1}{n}\sum_{i=1}^{n}(X_i - \bar{X})^2$).这就有一个问题:用哪一个估计量来估计总体的方差更好呢?而且,估计量是随机变量,不能仅仅依据一次的试验结果(即一组样本值)来评判估计量的好坏,而应该根据大量的试验结果来衡量.因此,下面利用估计量的数学期望和方差来给出估计量的两个评判标准:无偏性和有效性.

1)无偏性

定义5.8 设 $\hat{\theta} = \hat{\theta}(X_1, X_2, \cdots, X_n)$ 是未知参数 θ 的估计量,若 $E(\hat{\theta}) = \theta$,则称 $\hat{\theta}$ 为 θ 的无偏估计量.

显然,我们希望选用的估计量是无偏估计量,因为这意味着,用这个估计量所得到的估计值在未知参数的真值附近,而且大量重复使用不会出现系统偏差.

设 μ, σ^2 为总体 X 的均值和方差,$(X_1, X_2, \cdots, X_n)$ 是从总体 X 中抽取的样本,则有

$$E(X_i) = E(X) = \mu, \quad E(\bar{X}) = E\left(\frac{1}{n}\sum_{i=1}^{n} X_i\right) = \frac{1}{n}\sum_{i=1}^{n} E(X_i) = \frac{1}{n} \cdot n\mu = \mu.$$

因此,样本均值 $\bar{X} = \frac{1}{n}\sum_{i=1}^{n} X_i$ 是总体均值 μ 的无偏估计量.

同理可以验证,$E(S^2) = \sigma^2$,所以,样本方差 $S^2 = \frac{1}{n-1}\sum_{i=1}^{n}(X_i - \bar{X})^2$ 是总体方差 σ^2 的无偏估计量.但是,由于

$$E\left(\frac{1}{n}\sum_{i=1}^{n}(X_i-\overline{X})^2\right)=\frac{n-1}{n}E(S^2)=\frac{n-1}{n}\sigma^2\neq\sigma^2,$$

所以 $B_2=\frac{1}{n}\sum_{i=1}^{n}(X_i-\overline{X})^2$ 不是 σ^2 的无偏估计量. 这就是统计分析中通常用样本方差 S^2 作为总体方差 σ^2 的估计量的原因.

2) 有效性

当一个未知参数的无偏估计量多于一个时,为了使估计效果更好,我们希望估计值 $\hat{\theta}$ 与 θ 的偏差(即方差)越小越好,于是有下面的有效性定义.

定义 5.9 设 $\hat{\theta}_1$ 和 $\hat{\theta}_2$ 是 θ 的两个无偏估计量,若 $D(\hat{\theta}_1)\leq D(\hat{\theta}_2)$,则称 $\hat{\theta}_1$ 较 $\hat{\theta}_2$ 有效.

需要指出的是,样本均值 $\overline{X}$ 和样本方差 S^2 分别是总体均值 μ 和方差 σ^2 的最有效估计量. 根据以上讨论可知,样本均值 $\overline{X}$ 和样本方差 S^2 分别是总体均值 μ 和方差 σ^2 的无偏的有效估计量,在实际中最常用来估计总体的均值和方差.

二、区间估计

利用点估计进行参数估计虽然简单,但由于样本的随机性,由样本所得到的估计值与真值之间存在偏差,偏差是多少无法用点估计给出. 为了更好地估计总体的未知参数,美国统计学家奈曼(Neyman)在 20 世纪 30 年代创立了区间估计方法.

设 θ 是总体 X 分布中的未知参数,$(X_1,X_2,\cdots,X_n)$ 是从总体 X 中抽取的样本,$(x_1,x_2,\cdots,x_n)$ 是样本的一组观测值. 下面给出区间估计的概念.

定义 5.10 设 $\alpha(0<\alpha<1)$ 是一个很小的正数,$\hat{\theta}_1$ 和 $\hat{\theta}_2$ 是 θ 的两个估计量,如果有

$$P\{\hat{\theta}_1<\theta<\hat{\theta}_2\}=1-\alpha,$$

那么称 $1-\alpha$ 为**置信度**(也称**置信水平**),区间 $(\hat{\theta}_1,\hat{\theta}_2)$ 为 θ 的置信度为 $1-\alpha$ 的**置信区间**,$\hat{\theta}_1$ 和 $\hat{\theta}_2$ 分别称为**置信下限**和**置信上限**,α 称为**显著性水平**.

说明:在随机抽样中,若重复抽样多次,得到样本 $(X_1,X_2,\cdots,X_n)$ 的多组样本值 $(x_1,x_2,\cdots,x_n)$,则对应每组样本值都可确定一个置信区间 $(\hat{\theta}_1,\hat{\theta}_2)$,这个区间可能包含 θ 的真值,也可能不包含 θ 的真值. 置信度的意义是,在构造的多个置信区间中,包含 θ 真值的有 $100(1-\alpha)\%$. 例如,若 $\alpha=0.05$,则所得置信区间中有 95% 包含 θ 的真值.

根据定义,求未知参数 θ 的置信区间的步骤如下:

(1) 选取 θ 的某个合适的估计量 $\hat{\theta}=\hat{\theta}(X_1,X_2,\cdots,X_n)$,并构造一个依赖于 $\hat{\theta}$ 和 θ 的函数 U,即

$$U=U(\hat{\theta},\theta)=U(X_1,X_2,\cdots,X_n,\theta),$$

而且这个函数的分布是已知的.

(2) 对给定的置信度 $1-\alpha$,确定 λ_1 和 λ_2,使得
$$P\{\lambda_1 < U < \lambda_2\} = 1-\alpha.$$
通常选取满足
$$P\{U<\lambda_1\} = P\{U>\lambda_2\} = \frac{\alpha}{2}$$
的 λ_1 和 λ_2(见图 5-7),λ_1 和 λ_2 可通过查相应分布的分位数表得到.

(3) 将不等式 $\lambda_1 < U < \lambda_2$ 等价变形为 $\hat{\theta}_1 < \theta < \hat{\theta}_2$,相应得到
$$P\{\hat{\theta}_1 < \theta < \hat{\theta}_2\} = 1-\alpha,$$
则 $(\hat{\theta}_1, \hat{\theta}_2)$ 就是 θ 的置信度为 $1-\alpha$ 的置信区间.

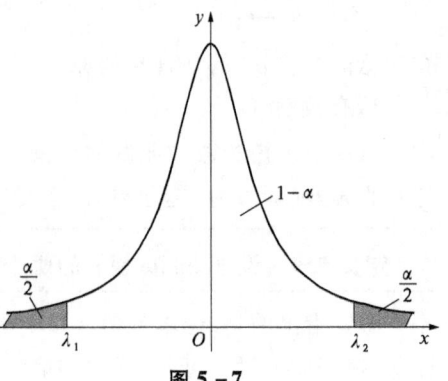

图 5-7

(4) 当样本的观测值给定时,将样本值 $(x_1, x_2, \cdots, x_n)$ 代入 $\hat{\theta}_1$ 和 $\hat{\theta}_2$,即可求出具体的置信区间.

由于正态分布广泛存在于实际问题中,下面主要介绍正态总体均值 μ 和方差 σ^2 的区间估计. 首先,给出几个在正态总体参数的区间估计中用到的随机变量及其分布.

定理 5.1 设 $(X_1, X_2, \cdots, X_n)$ 是来自正态总体 $X \sim N(\mu, \sigma^2)$ 的容量为 n 的样本,样本均值和样本方差分别为 $\overline{X} = \frac{1}{n}\sum_{i=1}^{n} X_i$ 和 $S^2 = \frac{1}{n-1}\sum_{i=1}^{n}(X_i - \overline{X})^2$,则有

(1) $U = \dfrac{\overline{X}-\mu}{\sigma/\sqrt{n}} \sim N(0,1)$;

(2) $T = \dfrac{\overline{X}-\mu}{S/\sqrt{n}} \sim t(n-1)$;

(3) $\chi^2 = \dfrac{n-1}{\sigma^2}S^2 \sim \chi^2(n-1).$

1. 正态总体方差 σ^2 已知的情形下,均值 μ 的区间估计

选取随机变量
$$U = \frac{\overline{X}-\mu}{\sigma/\sqrt{n}},$$
由定理 5.1 可知,$U \sim N(0,1)$.

对于给定的置信度 $1-\alpha$,确定 $u_{\frac{\alpha}{2}}$,使得
$$P\{|U| < u_{\frac{\alpha}{2}}\} = P\{-u_{\frac{\alpha}{2}} < U < u_{\frac{\alpha}{2}}\} = 1-\alpha,$$

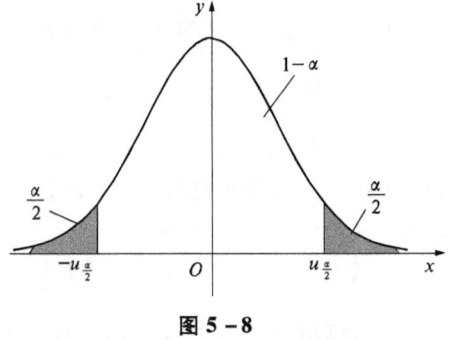

图 5-8

如图 5-8 所示,其中 $u_{\frac{\alpha}{2}}$ 可通过查标准正态分布表得到(即 $\Phi(u_{\frac{\alpha}{2}}) = 1 - \dfrac{\alpha}{2}$).

将
$$-u_{\frac{\alpha}{2}} < U = \frac{\overline{X}-\mu}{\sigma/\sqrt{n}} < u_{\frac{\alpha}{2}}$$

变形为
$$\overline{X} - \frac{\sigma}{\sqrt{n}} u_{\frac{\alpha}{2}} < \mu < \overline{X} + \frac{\sigma}{\sqrt{n}} u_{\frac{\alpha}{2}},$$
于是
$$P\left\{\overline{X} - \frac{\sigma}{\sqrt{n}} u_{\frac{\alpha}{2}} < \mu < \overline{X} + \frac{\sigma}{\sqrt{n}} u_{\frac{\alpha}{2}}\right\} = 1 - \alpha.$$
因此,μ 的置信度为 $1-\alpha$ 的置信区间为
$$\left(\overline{X} - \frac{\sigma}{\sqrt{n}} u_{\frac{\alpha}{2}},\ \overline{X} + \frac{\sigma}{\sqrt{n}} u_{\frac{\alpha}{2}}\right).$$
将给定的一组样本值 $(x_1, x_2, \cdots, x_n)$ 代入 $\overline{X}$,相应得到 μ 的置信度为 $1-\alpha$ 的置信区间为
$$\left(\overline{x} - \frac{\sigma}{\sqrt{n}} u_{\frac{\alpha}{2}},\ \overline{x} + \frac{\sigma}{\sqrt{n}} u_{\frac{\alpha}{2}}\right). \tag{5-2}$$

理解了区间估计的思想和式(5-2)之后,在实际问题中,可以直接用式(5-2)求正态总体方差已知情形下均值 μ 的置信区间.

例 2 从一批商品中随机抽取 9 件,测得它们的重量(单位:kg)分别为
  5.52, 5.41, 5.18, 5.32, 5.64, 5.22, 5.76, 5.31, 5.65.
设该批商品的重量服从正态分布 $N(\mu, \sigma^2)$,且标准差 $\sigma = 0.2$(kg) 已知,试求该批商品的平均重量 μ 的置信度为 0.95 的置信区间.

解 由样本数据求得样本均值为
$$\overline{x} = \frac{1}{9}(5.52 + 5.41 + \cdots + 5.31 + 5.65) = 5.4456,$$
由 $1 - \alpha = 0.95, \alpha = 0.05$,查表可得
$$u_{\frac{\alpha}{2}} = u_{0.025} = 1.96.$$
将 $\overline{x} = 5.4456, u_{\frac{\alpha}{2}} = 1.96, \sigma = 0.2, n = 9$ 代入式(5-2),得 μ 的置信度为 0.95 的置信区间为
$$(5.3149, 5.5762).$$

2. 正态总体方差 σ^2 未知的情形下,均值 μ 的区间估计

由于 σ^2 未知,所以将 σ 用样本标准差 S 代替,构造随机变量
$$T = \frac{\overline{X} - \mu}{S/\sqrt{n}},$$
由定理 5.1 可知,$T \sim t(n-1)$.

对于给定的置信度 $1-\alpha$,查附表 3 确定 $t_{\frac{\alpha}{2}}(n-1)$,使得
$$P\left\{-t_{\frac{\alpha}{2}}(n-1) < \frac{\overline{X} - \mu}{S/\sqrt{n}} < t_{\frac{\alpha}{2}}(n-1)\right\} = 1 - \alpha,$$

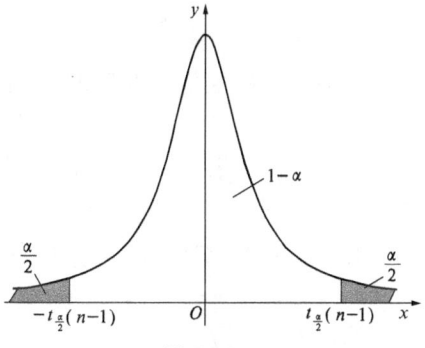

图 5-9

如图 5-9 所示，即

$$P\{\overline{X} - t_{\frac{\alpha}{2}}(n-1) \cdot \frac{S}{\sqrt{n}} < \mu < \overline{X} + t_{\frac{\alpha}{2}}(n-1) \cdot \frac{S}{\sqrt{n}}\} = 1 - \alpha.$$

因此，μ 的置信度为 $1-\alpha$ 的置信区间为

$$\left(\overline{X} - t_{\frac{\alpha}{2}}(n-1) \cdot \frac{S}{\sqrt{n}},\ \overline{X} + t_{\frac{\alpha}{2}}(n-1) \cdot \frac{S}{\sqrt{n}}\right).$$

将给定的一组样本值 $(x_1, x_2, \cdots, x_n)$ 代入 $\overline{X}$ 和 S，相应得到 μ 的置信度为 $1-\alpha$ 的置信区间为

$$\left(\overline{x} - t_{\frac{\alpha}{2}}(n-1) \cdot \frac{s}{\sqrt{n}},\ \overline{x} + t_{\frac{\alpha}{2}}(n-1) \cdot \frac{s}{\sqrt{n}}\right). \tag{5-3}$$

理解式(5-3)后，在实际问题中，可以直接利用式(5-3)求正态总体方差未知情形下均值 μ 的置信区间.

例 3 某大学学生会为了解该校大学生的日常生活支出情况，随机抽取 25 名大学生进行调查，并根据这 25 名大学生提供的月生活费计算出他们的月平均生活费为 $\overline{x} = 645.5$，样本标准差为 $s = 135.2$. 假设该校大学生的月平均生活费服从正态分布 $N(\mu, \sigma^2)$，试求该校大学生月平均生活费 μ 的置信度为 $1-\alpha$ 的置信区间.

(1) $1 - \alpha = 0.90$;　　　　(2) $1 - \alpha = 0.95$.

解 由题意可知，样本容量 $n = 25$，样本均值 $\overline{x} = 645.5$，样本标准差 $s = 135.2$，总体 $X \sim N(\mu, \sigma^2)$，且方差 σ^2 未知.

(1) 对于给定的置信度 $1 - \alpha = 0.90, \alpha = 0.1$，查附表 3 可得

$$t_{\frac{\alpha}{2}}(n-1) = t_{0.05}(24) = 1.7109.$$

将 $n = 25, \overline{x} = 645.5, s = 135.2, t_{\frac{\alpha}{2}}(n-1) = 1.7109$ 代入式(5-3)，得到该校大学生月平均生活费 μ 的置信度为 0.90 的置信区间为

$$(599.2373,\ 691.7627).$$

(2) 对于给定的置信度 $1 - \alpha = 0.95, \alpha = 0.05$，查附表 3 可得

$$t_{\frac{\alpha}{2}}(n-1) = t_{0.025}(24) = 2.0639.$$

将 $n = 25, \overline{x} = 645.5, s = 135.2, t_{\frac{\alpha}{2}}(n-1) = 2.0639$ 代入式(5-3)，得到该校大学生月平均生活费 μ 的置信度为 0.95 的置信区间为

$$(589.6921, 701.3079).$$

从例 3 的结果可以看出：置信度 $1-\alpha$ 越大，即估计的可靠性越大，置信区间相应也越大，因而估计的有效性越小；置信度越小，即估计的可靠性越小，置信区间也越小，因而估计的有效性越大. 这说明估计的可靠性和估计的有效性是矛盾的，这和实际经验是吻合的.

3. 正态总体方差 σ^2 的区间估计

选取随机变量

$$\chi^2 = \frac{n-1}{\sigma^2} S^2,$$

由定理 5.1 可知，$\chi^2 \sim \chi^2(n-1)$.

对于给定的置信度 $1-\alpha$，查附表 2 确定 $\chi^2_{1-\frac{\alpha}{2}}(n-1)$ 和 $\chi^2_{\frac{\alpha}{2}}(n-1)$，使得

$$P\{\chi^2_{1-\frac{\alpha}{2}}(n-1) < \chi^2 < \chi^2_{\frac{\alpha}{2}}(n-1)\} = 1-\alpha,$$

如图 5-10 所示，即

$$P\left\{\chi^2_{1-\frac{\alpha}{2}}(n-1) < \frac{n-1}{\sigma^2}S^2 < \chi^2_{\frac{\alpha}{2}}(n-1)\right\} = 1-\alpha.$$

将上式等价变形，得

$$P\left\{\frac{(n-1)S^2}{\chi^2_{\frac{\alpha}{2}}(n-1)} < \sigma^2 < \frac{(n-1)S^2}{\chi^2_{1-\frac{\alpha}{2}}(n-1)}\right\} = 1-\alpha.$$

于是，方差 σ^2 的置信度为 $1-\alpha$ 的置信区间为

$$\left(\frac{(n-1)S^2}{\chi^2_{\frac{\alpha}{2}}(n-1)},\ \frac{(n-1)S^2}{\chi^2_{1-\frac{\alpha}{2}}(n-1)}\right).$$

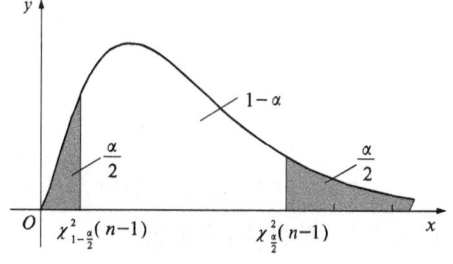

图 5-10

将给定的一组样本值 $(x_1, x_2, \cdots, x_n)$ 代入 S^2，相应得到 σ^2 的置信度为 $1-\alpha$ 的置信区间为

$$\left(\frac{(n-1)s^2}{\chi^2_{\frac{\alpha}{2}}(n-1)},\ \frac{(n-1)s^2}{\chi^2_{1-\frac{\alpha}{2}}(n-1)}\right). \tag{5-4}$$

理解式(5-4)后，在实际问题中，可以直接利用式(5-4)求正态总体方差 σ^2 的置信区间.

例 4 某乳品厂用自动包装机包装奶粉，所装奶粉的重量服从正态分布 $N(\mu, \sigma^2)$，某天随机抽检了 9 袋，测得重量（单位：g）如下：

452， 459， 470， 475， 443， 464， 463， 467， 465.

试求：

(1) 这天所装奶粉平均重量 μ 的置信度为 $1-\alpha = 0.90$ 的置信区间；

(2) 这天所装奶粉重量的方差 σ^2 的置信度为 $1-\alpha = 0.90$ 的置信区间.

解 由样本数据可得，样本容量 $n=9$，样本均值和方差分别为

$$\bar{x} = \frac{1}{9}(452 + 459 + \cdots + 465) = 462,$$

$$s^2 = \frac{1}{8}[(452-462)^2 + (459-462)^2 + \cdots + (465-462)^2] = 92.75,$$

$$s = 9.6307.$$

(1) 根据题意，这是一个在正态总体方差 σ^2 未知的情形下求均值的置信区间问题. 对于给定的置信度 $1-\alpha = 0.90, \alpha = 0.1$，查附表 3 可得

$$t_{\frac{\alpha}{2}}(n-1) = t_{0.05}(8) = 1.8595.$$

将 $n=9, \bar{x}=462, s=9.6307, t_{\frac{\alpha}{2}}(n-1)=1.8595$ 代入式(5-3)，得到这天所装奶粉平均重量 μ 的置信度为 $1-\alpha = 0.90$ 的置信区间为

(456.0306, 467.9694).

(2) 根据题意，这是一个求正态总体方差的置信区间问题. 对于给定的置信度 $1-\alpha = 0.90, \alpha = 0.1$，查附表 2 可得

$$\chi^2_{1-\frac{\alpha}{2}}(n-1) = \chi^2_{0.95}(8) = 2.733, \quad \chi^2_{\frac{\alpha}{2}}(n-1) = \chi^2_{0.05}(8) = 15.507.$$

将 $n=9, s^2=92.75, \chi^2_{1-\frac{\alpha}{2}}(n-1) = 2.733$ 和 $\chi^2_{\frac{\alpha}{2}}(n-1) = 15.507$ 代入式(5-4),得到这天所装奶粉重量的方差 σ^2 的置信度为 $1-\alpha=0.90$ 的置信区间为

$$(47.8494, \ 271.4965).$$

习题 5-2

1. 为了检测一批电子元件的使用寿命,随机地抽取 10 个电子元件进行测试,测得它们的寿命(单位:h)分别为

    1050, 1100, 1080, 1120, 1120, 1250, 1040, 1130, 1300, 1200.

试用数字特征法估计这批电子元件的平均使用寿命和方差.

2. 从某年龄段的学生中任意抽取 10 名,测得他们的身高(单位:cm)为

    126, 124, 126, 129, 120, 132, 125, 123, 129, 128.

试用数字特征法估计该年龄段学生的平均身高和标准差.

3. 从某种清漆中随机抽取 9 个样品,测得它们的干燥时间(单位:h)分别为

    6.0, 5.7, 5.8, 6.5, 7.0, 6.3, 5.6, 6.1, 5.0.

设该种清漆的干燥时间服从正态分布 $N(\mu, \sigma^2)$ 且标准差 $\sigma=0.6$(h)已知,试求该种清漆平均干燥时间 μ 的置信度为 0.95 的置信区间.

4. 某旅行社为调查当地旅游者的平均消费额,随机访问了 25 名旅游者,得知他们的平均消费额为 800 元.根据经验旅游者的消费额服从正态分布 $N(\mu, 120^2)$,试求该地区旅游者平均消费额 μ 的置信度为 $1-\alpha$ 的置信区间.

    (1) $1-\alpha=0.9$; (2) $1-\alpha=0.95$.

5. 为了解某行业从业人员的收入情况,随机抽取 30 名从业人员进行调查,得到他们的周平均收入 $\bar{x}=369$(元),样本标准差 $s=50$(元).根据经验该行业从业人员的周收入 $X \sim N(\mu, \sigma^2)$,试求该行业从业人员周收入的平均值 μ 的置信度为 0.95 的置信区间.

6. 设某股票的收盘价 $X \sim N(\mu, \sigma^2)$,该股票 10 个交易日的收盘价的样本均值 $\bar{x}=9.97$,样本标准差 $s=0.09$,试求该股票收盘价的方差 σ^2 的置信度为 0.95 的置信区间.

7. 从一大批袋装糖果中随机抽取 16 袋,称得它们的重量(单位:g)如下:

    506, 508, 499, 503, 504, 510, 497, 512,
    514, 505, 493, 496, 506, 502, 509, 496.

假设这批糖果的重量 $X \sim N(\mu, \sigma^2)$,分别求总体均值 μ 和方差 σ^2 的置信度为 0.95 的置信区间.

*§5.3 一元线性回归分析

在实际问题中,有些变量之间的关系具有随机性,即使一个变量(自变量)的值确定,另一个变量的值也并不能确定. 例如,人的身高 x 与体重 y 之间的关系、家庭收入 x 与消费支出 y 之间的关系、农作物的播种面积 x 和产量 y 之间的关系等. 这一类变量之间的关系也称为相关关系,即随机变量与随机变量之间的关系,要定量地建立这类变量之间的函数关系式,就要用到统计分析中的回归分析. 下面通过实例来介绍最简单的回归分析模型——一元线性回归分析模型的建立和应用.

一、散点图与相关系数

引例 为了估计山上积雪融化后对下游灌溉的影响,在山上建立了一个观察站,测量最大积雪深度(单位:m)与当年灌溉面积(单位:m²),得到连续 10 年的数据如表 5-1 所示.

表 5-1 最大积雪深度与灌溉面积数据表

年份序号	1	2	3	4	5	6	7	8	9	10
最大积雪深度	15.2	10.4	21.2	18.6	26.4	23.4	13.5	16.7	24.0	19.1
灌溉面积	28.6	19.3	40.5	35.6	48.9	45.0	29.2	34.1	46.7	37.4

为了研究这些数据所蕴含的规律性,以每年的最大积雪深度为横坐标 x,相应的灌溉面积为纵坐标 y,将这些点 $(x_i, y_i)(i=1,2,3,\cdots,10)$ 在直角坐标系中描出来(见图 5-11),这种图在统计分析中称为**散点图**. 从散点图 5-11 可以看出,数据点大致落在一条直线附近,这时就称两个变量具有**线性相关关系**.

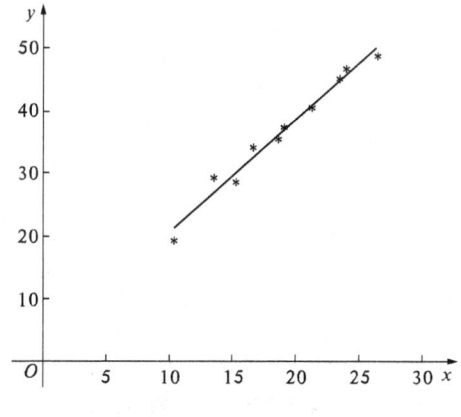

图 5-11

为了进一步研究两个变量线性相关的程度,下面给出样本相关系数的概念.

定义 5.11 设有两个随机变量 x 和 y,$(x_1,y_1),(x_2,y_2),\cdots,(x_n,y_n)$ 是在 n 次独立试验中观察所得到的 x 和 y 的 n 对数据,则称

$$r = \frac{\sum_{i=1}^{n}(x_i-\bar{x})(y_i-\bar{y})}{\sqrt{\sum_{i=1}^{n}(x_i-\bar{x})^2 \sum_{i=1}^{n}(y_i-\bar{y})^2}} \qquad (5-5)$$

为 x 与 y 之间的**样本相关系数**,其中 $\bar{x}$ 和 $\bar{y}$ 是样本均值.

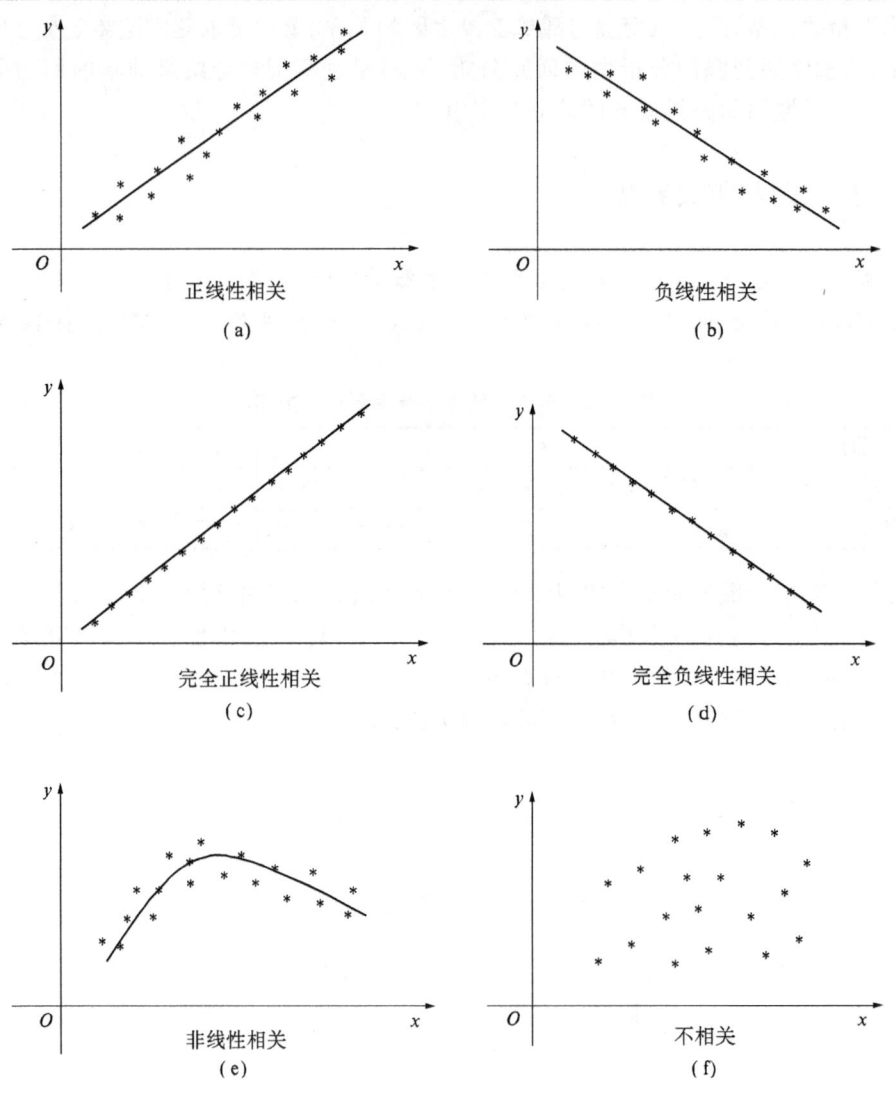

图 5-12

容易验证,相关系数 $|r| \leq 1$,即 $-1 \leq r \leq 1$. $|r|$ 越接近于 1,表明 x 与 y 的线性相关性越强;反之,$|r|$ 越接近于 0,表明 x 与 y 的线性相关性越弱. $r > 0$ 时,表明 x 与 y 的变化方向一致,即一个变量的增大一般会导致另一变量的增大,这时也称 x 与 y 是**正线性相关关**

系,如图 5-12(a)所示;$r<0$ 时,表明 x 与 y 的变化方向相反,即一个变量的增大一般会导致另一变量的减少,这时也称 x 与 y 是**负线性相关关系**,如图 5-12(b)所示.特别地,当 $r=1$ 时,称 x 与 y 是**完全正线性相关关系**,如图 5-12(c)所示;当 $r=-1$ 时,称 x 与 y 是**完全负线性相关关系**,如图 5-12(d)所示;当 $r=0$ 时,x 与 y 之间不存在线性相关关系,如图 5-12(e)和图 5-12(f)所示,其中图 5-12(e)情形又可称为**曲线相关关系**.

例如,将引例中的数据代入式(5-5),可得最大积雪深度 x 与灌溉面积 y 之间的样本相关系数 $r=0.9894$. 这说明最大积雪深度 x 与灌溉面积 y 之间具有正线性相关关系,且线性相关性较强.

二、一元线性回归方程

设有两个随机变量 x 和 y,(x_1,y_1),(x_2,y_2),$\cdots$,(x_n,y_n) 是在 n 次独立试验中观察所得到的 x 和 y 的 n 对数据,通过作散点图或计算样本相关系数可以看出随机变量 x 与 y 是否具有线性相关关系,接下来的问题是,如何将具有线性相关关系的两个变量用一定的数学关系式表达出来,即找到和这些已知数据点最接近的那条直线(见图 5-12(a)和(b))的方程:

$$\hat{y} = ax + b.$$

要求直线的方程 $\hat{y}=ax+b$,只要想办法通过已知数据点 $(x_i,y_i)(i=1,2,\cdots,n)$ 求出 a 和 b 即可.将 $x=x_i$ 代入直线方程,求出对应于直线上点的纵坐标

$$\hat{y}_i = ax_i + b \ (i=1,2,\cdots,n).$$

要使所求直线与已知数据点最接近,只需使

$$Q = \sum_{i=1}^{n}(y_i - \hat{y}_i)^2 = \sum_{i=1}^{n}(y_i - ax_i - b)^2$$

最小,并求出使得上式最小的 a 和 b. 这种确定未知常数的方法称为**最小二乘法**. 显然,用最小二乘法确定的直线与所有数据点的距离平方和最短.

根据多元函数微积分极值定理,可求得:

$$\begin{cases} a = \dfrac{\sum_{i=1}^{n}(x_i-\bar{x})(y_i-\bar{y})}{\sum_{i=1}^{n}(x_i-\bar{x})^2}, \\ b = \bar{y} - a\bar{x}. \end{cases} \quad (5-6)$$

其中 $\bar{x}=\dfrac{1}{n}\sum_{i=1}^{n}x_i$,$\bar{y}=\dfrac{1}{n}\sum_{i=1}^{n}y_i$,$a,b$ 称为**回归系数**,对应的直线方程 $\hat{y}=ax+b$ 称为**一元线性回归方程**,该直线称为**回归直线**.

例 1 求引例中灌溉面积 y 与最大积雪深度 x 之间的一元线性回归方程.

解 由图 5-11 和前面求得的样本相关系数 $r=0.9894$ 可以看出,灌溉面积 y 与最大积雪深度 x 之间有正线性相关关系. 设一元线性回归方程为

$$\hat{y} = ax + b,$$

由已知数据和式(5-6),计算可得

$$\bar{x} = \frac{1}{10}\sum_{i=1}^{10} x_i = 18.85, \quad \bar{y} = \frac{1}{10}\sum_{i=1}^{10} y_i = 36.53,$$

$$a = \frac{\sum_{i=1}^{10}(x_i - \bar{x})(y_i - \bar{y})}{\sum_{i=1}^{10}(x_i - \bar{x})^2} = 1.8129, \quad b = \bar{y} - a\bar{x} = 2.3568.$$

于是,灌溉面积 y 与最大积雪深度 x 之间的一元线性回归方程为

$$\hat{y} = 1.8129x + 2.3568.$$

三、回归方程的显著性检验

当两个随机变量有线性相关关系时,建立的回归方程才是有意义的.前面用散点图和样本相关系数对此进行了简单验证,下面给出概率统计意义下的 F 检验法.

设 $(x_i, y_i)(i = 1, 2, \cdots, n)$ 是在 n 次独立试验中观察所得到的 x 和 y 的 n 对数据, $\hat{y} = ax + b$ 是由这组数据得到的一元线性回归方程.记

$$S_{\text{总}} = \sum_{i=1}^{n}(y_i - \bar{y})^2, \quad S_{\text{剩}} = \sum_{i=1}^{n}(y_i - \hat{y}_i)^2, \quad S_{\text{回}} = \sum_{i=1}^{n}(\hat{y}_i - \bar{y})^2,$$

分别称之为**总偏差平方和**、**剩余平方和**和**回归平方和**.总偏差平方和 $S_{\text{总}}$ 反映了观测值 $y_1, y_2, \cdots, y_n$ 总的分散程度;剩余平方和 $S_{\text{剩}}$ 反映了观测值 y_i 与回归值 $\hat{y}_i(i = 1, 2, \cdots, n)$ 的总偏差,即观测值与回归线的总偏离程度;回归平方和 $S_{\text{回}}$ 反映了回归值 $\hat{y}_i(i = 1, 2, \cdots, n)$ 的总分散程度.

当 $a = 0$ 时,可以认为 y 与 x 不存在线性回归关系.因此,为了检验 y 和 x 的线性相关性,作如下假设

$$H_0: \quad a = 0.$$

并且可以证明:当 H_0 成立时, $F = \dfrac{S_{\text{回}}}{S_{\text{剩}}/(n-2)} \sim F(1, n-2)$.

给定显著性水平 α(一般取 $\alpha = 0.1, 0.05$ 等很小的正数),令

$$P\{F > F_\alpha(1, n-2)\} = \alpha(\text{即 } F > F_\alpha(1, n-2) \text{ 为小概率事件}),$$

查 F 分布的上侧分位数表(附表4)可得 $F_\alpha(1, n-2)$.

根据试验数据 $(x_i, y_i)(i = 1, 2, \cdots, n)$ 和回归方程 $\hat{y} = ax + b$,计算出 $F = \dfrac{S_{\text{回}}}{S_{\text{剩}}/(n-2)}$ 的值.根据小概率事件原理,若 $F > F_\alpha(1, n-2)$ 则拒绝假设 H_0,即 y 与 x 有线性相关关系,回归效果显著,回归方程是有效的;若 $F \leq F_\alpha(1, n-2)$ 则接受 H_0,即 y 与 x 没有线性相关关系,回归效果不显著,回归方程是无效的.这种检验回归方程是否有效的方法称为 F 检验法.

例2 取显著性水平 $\alpha = 0.05$，用 F 检验法检验例1中所建立的回归方程的显著性.

解 查 F 分布的上侧分位数表，得 $F_\alpha(1, n-2) = F_{0.05}(1,8) = 5.32$.

将 $x = x_i(i = 1, 2, \cdots, 10)$ 代入例1中所建立的回归方程 $\hat{y} = 1.8129x + 2.3568$，得到灌溉面积的预测值 $\hat{y}_i$（保留一位小数）如表 5-2 所示.

表 5-2 最大积雪深度、灌溉面积及灌溉面积的预测值

年份序号	1	2	3	4	5	6	7	8	9	10
最大积雪深度	15.2	10.4	21.2	18.6	26.4	23.4	13.5	16.7	24.0	19.1
灌溉面积	28.6	19.3	40.5	35.6	48.9	45.0	29.2	34.1	46.7	37.4
灌溉面积的预测值	29.9	21.2	40.8	36.1	50.2	44.8	26.8	32.6	45.9	37.0

根据表 5-2 中的数据，计算可得

$$\bar{x} = 18.85, \quad \bar{y} = 36.53, \quad S_{剩} = \sum_{i=1}^{10}(y_i - \hat{y}_i)^2 = 16.18,$$

$$S_{回} = \sum_{i=1}^{10}(\hat{y}_i - \bar{y})^2 = 750.781,$$

$$F = \frac{S_{回}}{S_{剩}/(n-2)} = \frac{750.781}{16.18/8} = 371.2143.$$

显然，$F = 371.2143 > F_{0.05}(1,8) = 5.32$. 因此，$y$ 与 x 有线性相关关系，回归效果显著，即 $\hat{y} = 1.8129x + 2.3568$ 可以用来表达灌溉面积 y 与最大积雪深度 x 之间的线性相关关系.

例3 为考察某地区的生产费用情况，随机选取了 8 个不同规模的企业进行调查，得到某种产品的生产量 x 和生产费用 y 的数据如表 5-3 所示.

表 5-3 某种产品的生产量和生产费用

生产量 x（万件）	1.5	2	3	4.5	7.5	9.1	10.5	12
生产费用 y（万元）	5.6	6.6	7.2	7.8	10.1	10.8	13.5	16.5

（1）作出生产量 x 和生产费用 y 的散点图，求出样本相关系数；

（2）判断该产品的生产量 x 与生产费用 y 之间是否有线性相关关系，若有，求出二者之间的线性回归方程；

（3）用 F 检验法检验回归方程的显著性，取 $\alpha = 0.05$.

解 （1）作出生产量 x 和生产费用 y 的散点图，如图 5-13 所示.

利用表 5-3 中的数据，计算可得

$$\bar{x} = \frac{1}{8}\sum_{i=1}^{8} x_i = 6.2625, \quad \bar{y} = \frac{1}{8}\sum_{i=1}^{8} y_i = 9.7625,$$

样本相关系数 $r = \dfrac{\sum\limits_{i=1}^{8}(x_i - \bar{x})(y_i - \bar{y})}{\sqrt{\sum\limits_{i=1}^{8}(x_i - \bar{x})^2 \sum\limits_{i=1}^{8}(y_i - \bar{y})^2}} = 0.9683.$

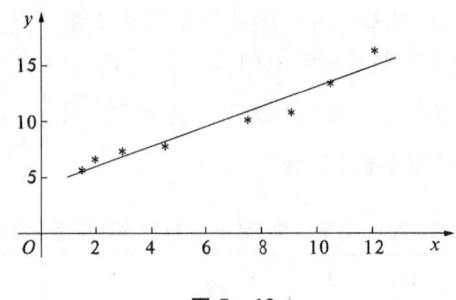

图 5 – 13

(2) 由散点图和样本相关系数可以看出,该产品的生产量 x 与生产费用 y 之间存在线性相关关系.

将表 5 – 3 中的数据代入式(5 – 6),得

$$a = \frac{\sum_{i=1}^{8}(x_i - \bar{x})(y_i - \bar{y})}{\sum_{i=1}^{8}(x_i - \bar{x})^2} = 0.895, \quad b = \bar{y} - a\bar{x} = 4.1576.$$

于是,生产量 x 与生产费用 y 之间的线性回归方程为

$$\hat{y} = 0.895x + 4.1576.$$

(3) 查 F 分布的上侧分位数表,得 $F_\alpha(1, n-2) = F_{0.05}(1,6) = 5.99$.

将 $x = x_i (i = 1, 2, \cdots, 8)$ 代入所建立的回归方程 $\hat{y} = 0.895x + 4.1576$,得到生产费用的预测值 $\hat{y}_i$(保留一位小数),如表 5 – 4 所示.

表 5 – 4　生产量、生产费用和生产费用的预测值

生产量 x(万件)	1.5	2	3	4.5	7.5	9.1	10.5	12
生产费用 y(万元)	5.6	6.6	7.2	7.8	10.1	10.8	13.5	16.5
生产费用的预测值 $\hat{y}$(万元)	5.5	5.9	6.8	8.2	10.9	12.3	13.6	14.9

根据表 5 – 4 中的数据,计算可得

$$\bar{x} = 6.2625, \quad \bar{y} = 9.7625, \quad S_{剩} = \sum_{i=1}^{8}(y_i - \hat{y}_i)^2 = 6.28,$$

$$S_{回} = \sum_{i=1}^{8}(\hat{y}_i - \bar{y})^2 = 93.1587,$$

$$F = \frac{S_{回}}{S_{剩}/(n-2)} = \frac{93.1587}{6.28/6} = 89.0051.$$

显然, $F = 89.0051 > F_{0.05}(1,6) = 5.99$. 因此, y 与 x 有线性相关关系,回归效果显著,即 $\hat{y} = 0.895x + 4.1576$ 可以用来表达生产费用 y 和生产量 x 之间的线性相关关系.

习题 5-3

1. 在 7 块并排且形状、大小相同的试验田上进行施化肥量对水稻产量影响的试验,得数据(单位:kg)如下表所示:

施化肥量 x	15	20	25	30	35	40	45
水稻产量 y	330	345	365	405	445	450	455

(1)画出散点图,并求出样本相关系数;
(2)判断水稻产量 y 与施化肥量 x 之间是否有线性相关关系,若有,求出二者之间的线性回归方程.

2. 以家庭为单位,某种商品的年需求量与价格的一组调查数据如下表所示:

价格 x(元)	2	2	2.3	2.5	2.6	2.8	3	3.3	3.5	5
年需求量 y(kg)	3.5	3	2.7	2.4	2.5	2	1.5	1.2	1.2	1

(1)作出散点图,并求出样本相关系数;
(2)判断该商品的年需求量 y 与价格 x 之间是否有线性相关关系,若有,求出它们之间的线性回归方程.

3. 对某市的超市进行抽样调查,被抽查的 10 家超市的职工月平均销售额和利润率数据如下表所示:

超市编号	1	2	3	4	5	6	7	8	9	10
月平均销售额 x(千元)	6	5	8	1	4	7	6	3	3	7
利润率 y(%)	12.6	10.4	18.5	3.0	8.1	16.3	12.4	6.2	6.5	16.8

(1)画出散点图,并求出样本相关系数;
(2)判断利润率 y 与月平均销售额 x 之间是否有线性相关关系,若有,求出二者之间的线性回归方程.

4. 下表是我国城镇居民 1986~1995 年家庭人均收入和人均消费的统计数据:

年份	1986	1987	1988	1989	1990	1991	1992	1993	1994	1995
人均收入 x(元)	931	1089	1431	1568	1686	1925	2356	3027	3979	5044
人均消费 y(元)	828	916	1119	1261	1387	1544	1826	2336	3179	3893

(1)作出散点图,并求出样本相关系数;
(2)判断人均消费 y 与人均收入 x 之间是否有线性相关关系,若有,求出它们之间的线性回归方程.

5. 经验表明:受遗传因素的影响,父母越高,孩子也越高.为研究父母身高和子女身高之间的关系,随机测量了 10 对父子的身高(单位:m),数据如下表所示:

父亲身高 x	1.52	1.57	1.63	1.65	1.68	1.70	1.73	1.78	1.83	1.88
儿子身高 y	1.62	1.66	1.68	1.67	1.70	1.70	1.71	1.75	1.76	1.78

(1)作出儿子身高 y 与父亲身高 x 的数据散点图,求出样本相关系数;

(2)判断儿子身高 y 与父亲身高 x 之间是否有线性相关关系,若有,求出它们之间的线性回归方程;

(3)用 F 检验法检验所建立回归方程的显著性,取 $\alpha = 0.01$.

复习题 5

1. 填空题:

(1) $\Phi(0.48) = $ _____;   (2) $\Phi(2.56) = $ _____;

(3) $\chi^2_{0.99}(12) = $ _____;   (4) $\chi^2_{0.975}(8) = $ _____;

(5) $\chi^2_{0.05}(12) = $ _____;   (6) $\chi^2_{0.025}(20) = $ _____;

(7) $F_{0.05}(1,10) = $ _____;   (8) $F_{0.01}(2,15) = $ _____;

(9) $t_{0.05}(20) = $ _____;   (10) $t_{0.01}(12) = $ _____.

2. (1)从总体 X 中抽取一个容量为 n 的样本,其观测值及频数如下表所示:

观测值	x_1	x_2	$\cdots$	x_k
频数	m_1	m_2	$\cdots$	m_k

其中 $m_1 + m_2 + \cdots + m_k = n$,试给出样本均值和样本方差的计算公式.

(2)从总体中抽取一个容量为 50 的样本,其观测值及频数如下表所示:

观测值	-1	0	1	2	3
频数	7	11	16	10	6

试求样本均值、样本方差.

3. 为检测自动生产线上的产品是否合格,随机抽取 30 件产品,测得它们的重量如下表所示:

156	134	160	141	159	141	161	157	171	155
149	144	169	138	168	147	153	156	125	156
135	156	151	155	146	155	157	198	161	151

试用数字特征法估计这批产品的平均重量和方差.

4. 从某种品牌的香烟中随机抽取 8 支,测得每支香烟中煤焦油的平均含量为 $\bar{x} = 18.6 \text{(mg)}$. 设一支香烟中煤焦油的含量服从正态分布 $N(\mu, \sigma^2)$,且标准差 $\sigma = 2.4 \text{(mg)}$,试求每支香烟中煤焦油的平均含量 μ 的置信度为 0.99 的置信区间.

5. 为调查某地区高中学生的身体素质,在该地区随机抽取 30 名男生,测试他们 100 米短跑的成绩,得到样本均值为 $\bar{x} = 13.8$(秒),样本标准差为 $s = 1.5$(秒). 根据经验,高中学生100米短跑的成绩 $X \sim N(\mu, \sigma^2)$，试求 μ 和 σ^2 的置信度为0.90的置信区间.

6. 已知某种果树的产量服从正态分布 $N(\mu, \sigma^2)$，现随机抽取10株，计算其产量（单位：kg）如下：

124，112.5，102，133，107，137.5，98，119，122.5，127.

（1）试用数字特征法估计这种果树产量的均值 μ 和标准差 σ；

（2）试求这种果树产量的均值和方差的置信度为0.95的置信区间.

7. 从某市内女大学生中随机抽出12名，测量她们的身高和腿长，数据如下表所示：

身高 x(cm)	149	150	153	154	155	156	157	158	159	160	162	164
腿长 y(cm)	92	93	93	96	96	98	97	96	98	99	100	102

（1）作出散点图，并求出样本相关系数；

（2）判断她们的身高和腿长之间是否有线性相关关系，若有，求出二者之间的线性回归方程.

8. 随机抽取12个城市居民家庭关于收入与食品支出的样本，数据如下表所示：

家庭收入 x(元)	82	93	105	130	144	150	160	180	200	270	300	400
食品支出 y(元)	75	85	92	105	120	120	130	145	156	200	200	240

（1）作出散点图，并求出样本相关系数；

（2）判断食品支出 y 与家庭收入 x 之间是否有线性相关关系，若有，求出二者之间的线性回归方程.

9. 为考察某商品的供给量与价格之间的关系，随机在某地区调查了该商品12个月的价格 p 和供给量 x，数据如下表所示：

供给量 x(吨)	57	72	51	57	60	55	70	55	70	53	76	56
价格 p(元)	9.2	11	8.4	9	9.4	8.9	10.5	9	10.6	9	11.2	9.1

（1）根据表中的数据作出价格 p 和供给量 x 的散点图，求出样本相关系数；

（2）判断该商品的价格 p 与供给量 x 之间是否有线性相关关系，若有，求出二者之间的线性回归方程.

10. 某公司为了解产品销售额、顾客知悉率及广告费之间的关系，调查了10种产品的相关信息，数据如下表所示：

产品编号	1	2	3	4	5	6	7	8	9	10
产品销售额（千元）	82	46	17	21	112	105	65	55	80	43
顾客知悉率（%）	50	45	15	15	70	75	60	40	25	50
广告费（千元）	1.8	1.2	0.4	0.5	2.5	2.5	1.5	1.2	1.6	1.0

（1）以顾客知悉率为横坐标 x，产品销售额为纵坐标 y 画出散点图，并判断二者之间是否具有线性相关关系，若有，求出二者之间的线性回归方程；

（2）以广告费为横坐标 x，顾客知悉率为纵坐标 y 画出散点图，并判断二者之间是否具有线性相关关系，若有，求出二者之间的线性回归方程.

第6章 Matlab 软件使用简介

Matlab 软件是 MathWorks 公司开发的,目前是国际上最流行、应用最广泛的科学与工程软件,它提供了方便、功能强大的计算和分析平台,从而将人们从以前繁琐的手工计算中彻底解脱出来.上册以 Matlab7.1 为基础,已经介绍了 Matlab 的基本用法以及微积分运算在 Matlab 中的实现方法.本章结合下册内容,继续介绍线性代数基本运算、概率论与统计分析基本运算等在 Matlab 中的实现方法.

§6.1 利用 Matlab 进行矩阵的相关运算和解线性方程组

矩阵是线性代数中最重要的概念和工具,矩阵运算在经济管理和科学计算中有着重要应用,同时矩阵还是利用 Matlab 实现诸多运算和功能的工具.在上册中已介绍过如何在 Matlab 中生成矩阵,下面继续介绍矩阵相关运算、解线性方程组等在 Matlab 中的实现方法.

一、矩阵的基本运算

设 A, B 为矩阵,a 为一个数. Matlab 中矩阵的常见运算及格式如表 6-1 所示.

表 6-1 矩阵的常见运算及格式

格式	意义
A + B (A - B)	矩阵 A 和 B 的加法(减法)运算
A * B	矩阵 A 和 B 的乘法运算
A′	矩阵 A 的转置矩阵 A^T
A/B	矩阵的右除,计算 AB^{-1}(B 为可逆方阵)
A\B	矩阵的左除,计算 $A^{-1}B$(A 为可逆方阵)
A + a	A 中的每一个元素都加 a
A.* a	A 点乘 a,即 A 中的每一个元素都乘以 a
A.^a	A 点 a 次幂,即 A 中的每一个元素都 a 次幂
A./a	A 右点除 a,即 A 中的每一个元素都除以 a
A.\a	A 左点除 a,即 A 中的每一个元素都除 a

例1 设 $A_1 = \begin{pmatrix} 1 & -1 & 0 & 2 \\ 4 & 5 & 3 & 1 \\ 2 & 1 & 7 & 5 \end{pmatrix}, A_2 = \begin{pmatrix} 0 & 1 & 2 & 5 \\ 3 & 2 & 1 & 8 \\ -1 & 2 & 4 & 7 \end{pmatrix}, B = (2 \ 4 \ 6 \ 8), a = 3,$ 求：

$A_1 + A_2, B^\mathrm{T}, A_2 B^\mathrm{T}, aB, \dfrac{1}{a}B$ 及 A_1 点 a 次幂.

解 在 Matlab 窗口中键入下列语句，运行后，依次可得计算结果.

>> A1 = [1, -1,0,2;4,5,3,1;2,1,7,5];   % 输入矩阵 A_1
>> A2 = [0,1,2,5;3,2,1,8;-1,2,4,7];   % 输入矩阵 A_2
>> B = [2,4,6,8];   % 输入矩阵 B
>> a = 3;   % 输入数 a
>> A1 + A2   % 计算 $A_1 + A_2$
ans = 1   0   2   7
      7   7   4   9
      1   3 11 12
>> B′   % 计算 B^T
ans = 2
      4
      6
      8
>> A2 ∗ B′   % 计算 $A_2 B^\mathrm{T}$
ans = 56
      84
      86
>> B.∗ a   % 计算 aB
ans = 6   12   18   24
>> B./a   % 计算 $\dfrac{1}{a}B$
ans = 0.6667   1.3333   2.0000   2.6667
>> A1.^a   % 计算 A_1 点 a 次幂
ans =   1   -1   0   8
       64 125   27   1
        8   1 343 125

二、利用 Matlab 求矩阵的秩和行标准形

在 Matlab 中求矩阵的秩和将矩阵化为行标准形的函数及格式如表 6-2 所示.

表 6-2　求矩阵的秩和行标准形的函数及格式

格式	意义
rank(A)	求矩阵 A 的秩 $r(A)$
rref(A)	将矩阵 A 化为行标准形

例 2　求矩阵

$$A = \begin{pmatrix} 1 & -1 & 0 & 2 \\ 4 & 5 & 3 & 1 \\ 2 & 1 & 7 & 5 \end{pmatrix}$$

的秩,并把 A 化为行标准形.

解　在 Matlab 窗口中键入下列语句,运行后,可得计算结果.

```
>> A = [1, -1,0,2;4,5,3,1;2,1,7,5];        % 输入矩阵 A
>> r = rank(A)                              % 求矩阵 A 的秩,结果存入 r
r = 3
>> B = rref(A)                              % 把 A 化为行标准形,结果存入 B
B = 1.0000        0         0       1.0370
       0      1.0000        0      -0.9630
       0         0      1.0000     0.5556
```

三、利用 Matlab 求方阵的逆矩阵和行列式的值

设 A 为 n 阶方阵,若 A 为满秩矩阵(即 $r(A) = n$),则 A 有逆矩阵. 在 Matlab 中求逆矩阵的函数及格式如表 6-3 所示.

任何一个方阵均可对应一个行列式 $\det(A)$,相应地,任何一个行列式均可看成是一个方阵 A 的行列式 $\det(A)$. 因此,行列式的计算可以通过求方阵 A 的行列式 $\det(A)$ 来实现. 在 Matlab 中求方阵的行列式值的函数及格式如表 6-3 所示.

表 6-3　求方阵的逆矩阵和行列式值的函数及格式

格式	意义
inv(A)	求可逆矩阵 A 的逆矩阵 A^{-1}
det(A)	求方阵 A 的行列式 $\det(A)$ 的值

例 3　设方阵 $A = \begin{pmatrix} 1 & 1 & -3 \\ 2 & 3 & -8 \\ 1 & 1 & -4 \end{pmatrix}$.

(1) 求 A 的秩 $r(A)$ 和 $\det(A)$ 的值;

(2) 如果 A 有逆矩阵,求出 A 的逆矩阵 A^{-1}.

解　(1) 在 Matlab 窗口中键入下列语句,运行后,可得要求的结果.

```
>> A = [1,1, -3;2,3, -8;1,1, -4];     %输入矩阵 A
>> r = rank(A)                         %求矩阵 A 的秩,结果存入 r
r = 3                                  %求得 A 的秩 r(A) = r = 3
>> det(A)                              %求 det(A)的值
ans = -1                               %求得 det(A) = -1
```

(2)由(1)的结果 $r(A)=3$ 可知,A 有逆矩阵. 在 Matlab 窗口中键入下列语句即可求出 A 的逆矩阵 A^{-1}.

```
>> B = inv(A)                          %求矩阵 A 的逆矩阵,结果存入 B
B = 4    -1    -1
    0     1    -2                      %求得 A 的逆矩阵 A⁻¹ = B = ⎛ 4  -1  -1⎞
    1     0    -1                                              ⎜ 0   1  -2⎟
                                                               ⎝ 1   0  -1⎠
```

四、利用 Matlab 解线性方程组

在线性代数中,介绍了用初等行变换等方法解线性方程组 $AX = B$,下面通过实例介绍如何利用 Matlab 中的函数 rref(A)来解线性方程组.

例 4 用初等行变换法求线性方程组

$$\begin{cases} 2x_1 + 3x_2 + x_3 = 4, \\ x_1 - 2x_2 + 4x_3 = -5, \\ 3x_1 + 8x_2 - 2x_3 = 13, \\ 4x_1 - x_2 + 9x_3 = -6 \end{cases}$$

的通解.

解 (1)在 Matlab 窗口中键入下列语句:

```
>> A = [2,3,1;1, -2,4;3,8, -2;4, -1,9];   %输入系数矩阵 A
>> B = [4; -5;13; -6];                    %输入常数项矩阵 B
>> F = [A,B];                              %生成增广矩阵 F = (A ⋮ B)
>> G = rref(F)                             %将增广矩阵化为行标准形 G
G = 1    0    2    -1
    0    1   -1     2
    0    0    0     0
    0    0    0     0
```

(2)由矩阵 G 可以看出,$r(A \vdots B) = r(A) = 2 < n = 3$,因此,方程组有无穷多解. 写出行标准形对应的方程组:

$$\begin{cases} x_1 + 2x_3 = -1, \\ x_2 - x_3 = 2, \end{cases} 即 \begin{cases} x_1 = -1 - 2x_3, \\ x_2 = 2 + x_3. \end{cases}$$

令 $x_3 = k$(k 为任意常数),则得方程组的通解为

$$\begin{cases} x_1 = -1 - 2k, \\ x_2 = 2 + k, \\ x_3 = k. \end{cases}$$

习题 6-1

1. 利用 Matlab 进行下列矩阵运算：

$(1) 3\begin{pmatrix} 4 & 6 & 10 \\ -2 & 4 & 8 \end{pmatrix} - \begin{pmatrix} 1 & 2 & 2 \\ 0 & 3 & 1 \end{pmatrix}$； $(2) \begin{pmatrix} 1 & 2 & 3 \\ -2 & 1 & 2 \end{pmatrix} \begin{pmatrix} 1 & 2 & 0 \\ 0 & 1 & 1 \\ 3 & 0 & 1 \end{pmatrix}$.

2. 设 $A = \begin{pmatrix} 1 & -3 & 2 \\ -3 & 0 & 1 \\ 1 & 1 & -1 \end{pmatrix}$，利用 Matlab 求：

(1) $r(A)$ 和 $\det(A)$； (2) A^{-1}.

3. 利用 Matlab 解线性方程组：

$$\begin{cases} 2x_1 + 3x_2 + 2x_4 = 2, \\ x_1 - 2x_2 + x_3 + 3x_4 = 3, \\ 3x_1 + 8x_2 - x_3 + x_4 = 1, \\ x_1 - 9x_2 + 3x_3 + 7x_4 = 7. \end{cases}$$

§6.2 概率论中的基本运算在 Matlab 中的实现

概率计算、随机变量的常用分布及其相关计算是概率论中的重要内容，下面介绍概率论中的基本运算在 Matlab 中的实现方法.

一、利用 Matlab 计算组合数和排列数

在概率计算中常常要计算组合数 C_n^k，排列数 A_n^m 和阶乘 $n!$，这些在 Matlab 中可以用表 6-4 中的函数及格式来实现.

表 6-4 计算组合数、排列数的函数及格式

格式	意义
nchoosek(n,k)	计算组合数 C_n^k 的值
factorial(n)	计算 $n!$ 的值
prod(m:n)	计算 $m \cdot (m+1) \cdot \cdots \cdot (n-1) \cdot n$

例 1 计算下列式子的值：

(1) $\dfrac{C_7^2 C_{23}^3}{C_{30}^5}$；　　　(2) A_{30}^7.

解 (1) 在 Matlab 窗口中键入下列语句：

\>\> nchoosek(7,2) * nchoosek(23,3)/nchoosek(30,5)

ans = 0.2610

运行后输出的结果为 0.2610，即

$$\dfrac{C_7^2 C_{23}^3}{C_{30}^5} = 0.2610.$$

(2) 因为 $A_{30}^7 = 30 \times 29 \times \cdots \times 24 = \dfrac{30!}{23!}$，因此，要计算 A_{30}^7 的值，可以在 Matlab 窗口中键入下列语句：

\>\> prod(24:30)　　　　　　　% 利用函数 prod(m:n) 计算 A_{30}^7

ans = 1.0260e+010　　　　　　% 运行结果为 $A_{30}^7 = 1.026 \times 10^{10}$

\>\> factorial(30)/factorial(23)　　% 利用函数 factorial(n) 计算 A_{30}^7

ans = 1.0260e+010　　　　　　% 运行结果为 $A_{30}^7 = 1.026 \times 10^{10}$

二、利用 Matlab 进行常见分布的相关计算

1. 二项分布

设 $X \sim B(n,p)$，其中 n 为独立试验的次数，p 为一次试验中事件发生的概率. 与二项分布有关的计算在 Matlab 中的实现方法如表 6-5 所示.

表 6-5　二项分布相关计算的函数及格式

格式	意义
binopdf(k,n,p)	计算概率 $P\{X=k\} = C_n^k p^k q^{n-k}$ 的值，其中 $q = 1-p$
[c,d] = binostat(n,p)	计算 $X \sim B(n,p)$ 的期望与方差

例 2 设 $X \sim B(20, 0.6)$，计算：

(1) $P\{X=8\}$；　(2) $E(X)$ 和 $D(X)$.

解 (1) 在 Matlab 窗口中键入下列语句：

\>\> binopdf(8,20,0.6)　　% 计算 $P\{X=8\} = C_{20}^8 0.6^8 \cdot 0.4^{12}$

ans = 0.0355　　　　　　% 运行结果为 $P\{X=8\} = 0.0355$

(2) 在 Matlab 窗口中键入下列语句：

\>\> [c,d] = binostat(20,0.6)　　% 计算 $E(X)$ 和 $D(X)$，分别存入变量 c 和 d

c = 12　　　　　　　　　　　　% 运行结果为 $E(X) = c = 12, D(X) = d = 4.8$

d = 4.8000

2. 均匀分布

设 $X \sim U(a,b)$，即随机变量 X 在区间 $[a,b]$ 上服从均匀分布. 与均匀分布有关的计算

在 Matlab 中的实现方法如表 6-6 所示.

表 6-6 均匀分布相关计算的函数及格式

格式	意义
unifpdf(x,a,b)	求均匀分布在 x 处的密度函数值,x 可以是一个数,也可以是向量
unifcdf(x,a,b)	求均匀分布在 x 处的分布函数值,x 可以是一个数,也可以是向量
[c,d] = unifstat(a,b)	求 $X \sim U(a,b)$ 的期望与方差

例 3 设 $X \sim U(2,10)$,其密度函数和分布函数分别记为 $f(x)$ 和 $F(x)$,求:
(1)$f(5)$,$f(1)$ 和 $F(6)$;　　　　(2)$E(X)$ 和 $D(X)$.

解 在 Matlab 窗口中键入下列语句,运行后,即可得要求的结果.

```
>> unifpdf(5,2,10)              % 计算 f(5) 的值
ans = 0.1250                    % 运行结果为 f(5) = 0.1250
>> unifpdf(1,2,10)              % 计算 f(1) 的值
ans = 0                         % 运行结果为 f(1) = 0
>> unifcdf(6,2,10)              % 计算 F(6) 的值
ans = 0.5000                    % 运行结果为 F(6) = 0.5
>> [c,d] = unifstat(2,10)       % 求 E(X) 和 D(X)
c = 6                           % 运行结果为 E(X) = c = 6,D(X) = d = 5.3333
d = 5.3333
```

3. 指数分布

设 $X \sim e(\lambda)$,即随机变量 X 服从参数为 λ 的指数分布. 与指数分布有关的计算在 Matlab 中的实现方法如表 6-7 所示.

表 6-7 指数分布相关计算的函数及格式

格式	意义
exppdf(x,L)	求指数分布在 x 处的密度函数值,其中 L 是参数 λ,x 可以是一个数,也可以是向量
expcdf(x,L)	求指数分布在 x 处的分布函数值,即 $F(x) = P\{X \leq x\}$ 的值,其中 L 是参数 λ,x 可以是一个数,也可以是向量
[c,d] = expstat(L)	求 $X \sim e(\lambda)$ 的期望与方差,其中 L 是参数 λ

说明:在 Matlab 中,指数分布的密度函数采用的是另一种形式:

$$f(x) = \begin{cases} \dfrac{1}{\lambda} e^{-\frac{x}{\lambda}}, & x \geq 0; \\ 0, & x < 0. \end{cases}$$

故此处[c,d] = expstat(L)返回的期望和方差均是第 4 章中所用指数分布形式期望和方差的倒数.

例 4 设 $X \sim e(2)$,其密度函数和分布函数分别记为 $f(x)$ 和 $F(x)$. 求:
(1)$f(3)$,$f(-5)$ 和 $F(6)$;　　　　(2)$E(X)$ 和 $D(X)$.

解 在 Matlab 窗口中键入下列语句,运行后,即可得要求的结果.

>> exppdf(3,2)   % 计算 $f(3)$ 的值
ans = 0.1116   % 运行结果为 $f(3) = 0.1116$
>> exppdf(-5,2)   % 计算 $f(-5)$ 的值
ans = 0   % 运行结果为 $f(-5) = 0$
>> expcdf(6,2)   % 计算 $F(6)$ 的值
ans = 0.9502   % 运行结果为 $F(6) = 0.9502$,即 $P\{X \leq 6\} = 0.9502$
>> [c,d] = expstat(2)   % 求 $E(X)$ 和 $D(X)$
c = 2   % 运行结果为 $E(X) = 2, D(X) = 4$
d = 4

4. 正态分布

设 $X \sim N(\mu, \sigma^2)$,即随机变量 X 服从参数为 μ 和 σ^2 的正态分布. 与正态分布有关的计算在 Matlab 中的实现方法如表 6-8 所示.

表 6-8 正态分布相关计算的函数及格式

格式	意义
normpdf(x,M,C)	求正态分布在 x 处的密度函数值,其中 M 和 C 分别是参数 μ 和 σ,x 可以是一个数,也可以是向量
normcdf(x,M,C)	求正态分布在 x 处的分布函数值,即 $F(x) = P\{X \leq x\}$ 的值,其中 M 和 C 分别是参数 μ 和 σ,x 可以是一个数,也可以是向量
norminv(p,M,C)	求正态分布的逆分布函数值,即已知 $F(x) = P\{X \leq x\} = p$,求 x 的值,其中 M 和 C 分别是参数 μ 和 σ,p 是概率值. 此函数可用来求标准正态分布的上侧分位数
[c,d] = normstat(M,C)	求 $X \sim N(\mu, \sigma^2)$ 的期望与方差

例 5 设 $X \sim N(1.3, 2^2)$,求:
(1) $P\{1.06 < X < 9.7\}$; (2) $E(X)$ 和 $D(X)$.

解 (1) 因为 $P\{1.06 < X < 9.7\} = P\{X < 9.7\} - P\{X < 1.06\} = F(9.7) - F(1.06)$, 所以,在 Matlab 窗口中键入下列语句,运行后,即可得要求的结果.

>> p = normcdf(9.7,1.3,2) - normcdf(1.06,1.3,2)   % 求 $P\{1.06 < X < 9.7\}$
p = 0.5477   % 运行结果为 $P\{1.06 < X < 9.7\} = 0.5477$

(2) 在 Matlab 窗口中键入下列语句,运行后,即可得要求的结果.

>> [c,d] = normstat(1.3,2)   % 求 $E(X)$ 和 $D(X)$
c = 1.3000   % 运行结果为 $E(X) = 1.3, D(X) = 4$
d = 4

例 6 设 $X \sim N(0,1)$.
(1) 已知 $P\{X > u_{0.05}\} = 0.05$,求上侧分位数 $u_{0.05}$;
(2) 作出标准正态分布的密度函数和分布函数图形.

解 (1) 由已知可知 $P\{X < u_{0.05}\} = 0.95$,在 Matlab 窗口中键入下列语句:
>> norminv(0.95,0,1)   % 求上侧分位数 $u_{0.05}$

ans = 1.6449   % 运行结果为 $u_{0.05}=1.6449$
(2) 编写 m 文件 normtuxing.m,程序如下:
x = -5:0.001:5;
y1 = normpdf(x,0,1);   % 计算与 x 对应的密度函数值
y2 = normcdf(x,0,1);   % 计算与 x 对应的分布函数值
subplot(1,2,1);
plot(x,y1,'k','linewidth',2)   % 作密度函数的图形
axis([-5,5,0,0.5]);   % 设置横、纵坐标的范围
set(gca,'xtick',[-4,-3,-2,-1,0,1,2,3,4]);   % 设置横坐标的刻度值
set(gca,'ytick',[0,0.1,0.2,0.3,0.4,0.5]);   % 设置纵坐标的刻度值
title('标准正态分布的密度函数图形')
box off
subplot(1,2,2);
plot(x,y2,'k','linewidth',2)   % 作分布函数的图形
axis([-5,5,0,1]);
set(gca,'xtick',[-4,-3,-2,-1,0,1,2,3,4]);
set(gca,'ytick',[0,0.1,0.2,0.3,0.4,0.5,0.6,0.7,0.8,0.9,1]);
title('标准正态分布的分布函数图形')

运行程序,得到标准正态分布的密度函数图形和分布函数图形,如图 6-1 所示.

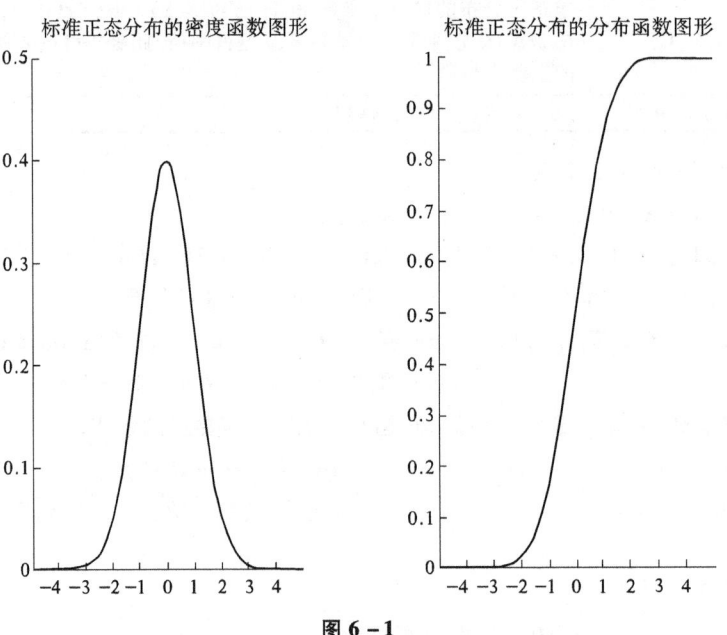

图 6-1

5. χ^2 分布

设 $X \sim \chi^2(n)$,即随机变量 X 服从自由度为 n 的 χ^2 分布. 与 χ^2 分布有关的计算在 Matlab 中的实现方法如表 6-9 所示.

表 6-9 χ^2 分布相关计算的函数及格式

格式	意义
chi2pdf(x,n)	求 χ^2 分布在 x 处的密度函数值,其中 n 为自由度,x 可以是一个数,也可以是向量
chi2cdf(x,n)	求 χ^2 分布在 x 处的分布函数值,即 $F(x)=P\{X\leqslant x\}$ 的值,其中 n 为自由度,x 可以是一个数,也可以是向量
chi2inv(p,n)	求 χ^2 分布的逆分布函数值,即已知 $F(x)=P\{X\leqslant x\}=p$,求 x 的值,其中 n 为自由度,p 是概率值. 此函数可用来求 χ^2 分布的上侧分位数
[c,d] = chi2stat(n)	求 $X\sim\chi^2(n)$ 的期望与方差

例 7 设 $X\sim\chi^2(10)$.

(1) 已知 $P\{X>\chi^2_{0.01}(10)\}=0.01$,求上侧分位数 $\chi^2_{0.01}(10)$;

(2) 作出 $\chi^2(10)$ 的密度函数图形和分布函数图形.

解 (1) 由已知可知,$P\{X<\chi^2_{0.01}(10)\}=0.99$,在 Matlab 窗口中键入下列语句:

>> chi2inv(0.99,10)   % 求上侧分位数 $\chi^2_{0.01}(10)$
ans = 23.2093   % 运行结果为 23.2093

(2) 编写 m 文件 chi2tuxing.m,程序如下:

x = 0:0.001:40;
y1 = chi2pdf(x,10);   % 计算与 x 对应的密度函数值
y2 = chi2cdf(x,10);   % 计算与 x 对应的分布函数值
subplot(1,2,1);
plot(x,y1,'k','linewidth',2)   % 作 χ^2 分布的密度函数图形
axis([0,40,0,0.2]);
set(gca,'xtick',[0,10,20,30,40]);
set(gca,'ytick',[0,0.02,0.04,0.06,0.08,0.1,0.12,0.14,0.16,0.18,0.2]);
title('chi2 分布的密度函数图形')
box off
subplot(1,2,2);
plot(x,y2,'k','linewidth',2)   % 作 χ^2 分布的分布函数图形
axis([0,40,0,1]);
set(gca,'xtick',[0,10,20,30,40]);
set(gca,'ytick',[0,0.1,0.2,0.3,0.4,0.5,0.6,0.7,0.8,0.9,1]);
title('chi2 分布的分布函数图形')
box off

运行程序,得到 χ^2 分布的密度函数图形和分布函数图形,如图 6-2 所示.

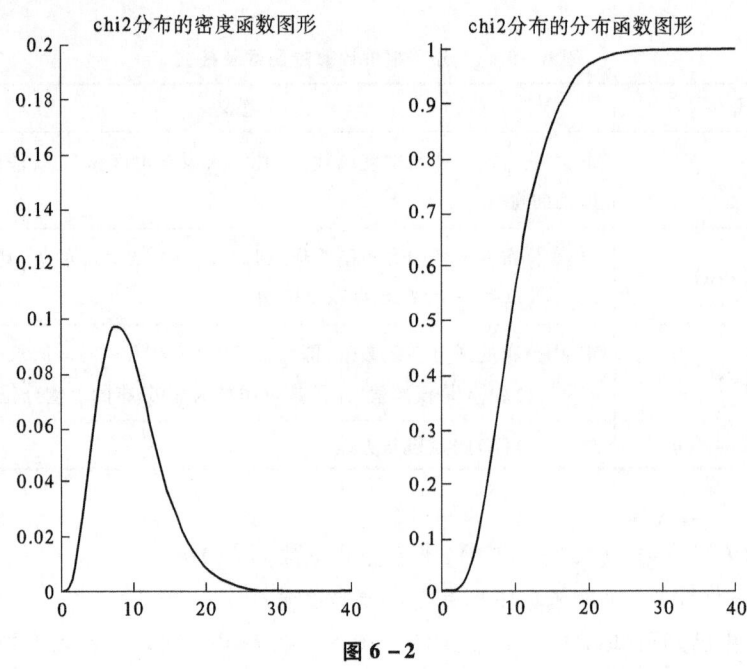

图 6-2

6. t 分布

设 $T \sim t(n)$，即随机变量 T 服从自由度为 n 的 t 分布. 与 t 分布有关的计算在 Matlab 中的实现方法如表 6-10 所示.

表 6-10 t 分布相关计算的函数及格式

格式	意义
tpdf(x,n)	求 t 分布在 x 处的密度函数值，其中 n 为自由度，x 可以是一个数，也可以是向量
tcdf(x,n)	求 t 分布在 x 处的分布函数值，即 $F(x) = P\{X \leq x\}$ 的值，其中 n 为自由度，x 可以是一个数，也可以是向量
tinv(p,n)	求 t 分布的逆分布函数值，即已知 $F(x) = P\{X \leq x\} = p$，求 x 的值，其中 n 为自由度，p 是概率值. 此函数可用来求 t 分布的上侧分位数
[c,d] = tstat(n)	求 $T \sim t(n)$ 的期望与方差

例 8 设 $T \sim t(10)$.

(1) 已知 $P\{T > t_{0.05}(10)\} = 0.05$，求上侧分位数 $t_{0.05}(10)$；

(2) 作出 $t(10)$ 的密度函数图形和分布函数图形.

解 (1) 由已知可知，$P\{T < t_{0.05}(10)\} = 0.95$，在 Matlab 窗口中键入下列语句：

```
>> tinv(0.95,10)             % 求上侧分位数 t_{0.05}(10)
ans = 1.8125                 % 运行结果为 1.8125
```

(2) 编写 m 文件 tfenbutuxing.m，程序如下：

```
x = -5:0.001:5;
y1 = tpdf(x,10);                    %计算 x 对应的密度函数值
y2 = tcdf(x,10);                    %计算 x 对应的分布函数值
subplot(1,2,1);
plot(x,y1,'k','linewidth',2)        %作 t 分布的密度函数图形
axis([-5,5,0,0.5]);
set(gca,'xtick',[-5,-4,-3,-2,-1,0,1,2,3,4,5]);
set(gca,'ytick',[0,0.1,0.2,0.3,0.4,0.5]);
title('t 分布的密度函数图形')
box off
subplot(1,2,2);
plot(x,y2,'k','linewidth',2)        %作 t 分布的分布函数图形
axis([-5,5,0,1]);
set(gca,'xtick',[-5,-4,-3,-2,-1,0,1,2,3,4,5]);
set(gca,'ytick',[0,0.1,0.2,0.3,0.4,0.5,0.6,0.7,0.8,0.9,1]);
title('t 分布的分布函数图形')
box off
```

运行程序,得到 t 分布的密度函数图形和分布函数图形,如图 6-3 所示.

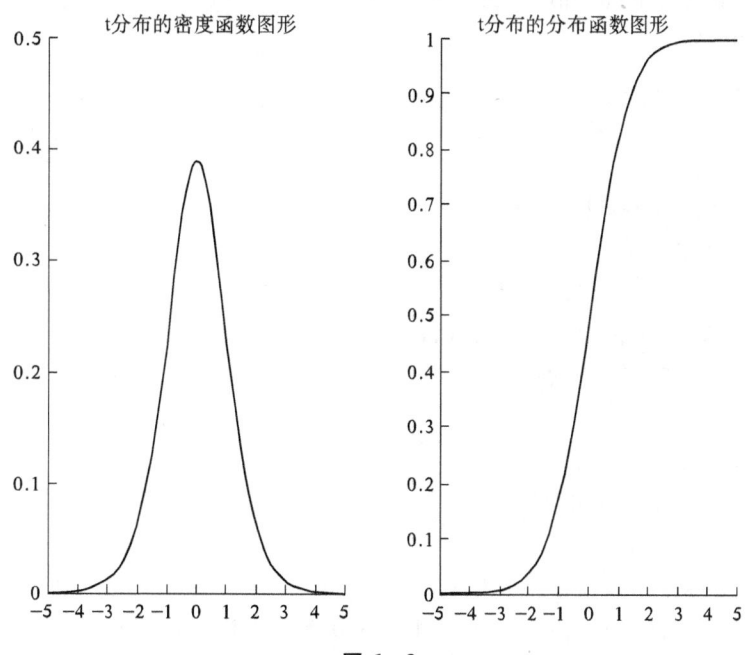

图 6-3

7. F 分布

设 $F \sim F(m,n)$,即随机变量 F 服从自由度为 m 和 n 的 F 分布. 与 F 分布有关的计算在 Matlab 中的实现方法如表 6-11 所示.

表 6-11 F 分布相关计算的函数及格式

格式	意义
fpdf(x,m,n)	求 F 分布在 x 处的密度函数值,其中 m,n 为自由度,x 可以是一个数,也可以是向量
fcdf(x,m,n)	求 F 分布在 x 处的分布函数值,即 $F(x)=P\{X\leq x\}$ 的值,其中 m,n 为自由度,x 可以是一个数,也可以是向量
finv(p,m,n)	求 F 分布的逆分布函数值,即已知 $F(x)=P\{X\leq x\}=p$,求 x 的值,其中 m,n 为自由度,p 是概率值. 此函数可用来求 F 分布的上侧分位数
[c,d] = fstat(m,n)	求 $F\sim F(m,n)$ 的期望与方差

例 9 设 $F\sim F(10,5)$.

(1) 已知 $P\{F>F_{0.05}(10,5)\}=0.05$,求上侧分位数 $F_{0.05}(10,5)$;

(2) 作出 F 分布的密度函数图形和分布函数图形.

解 (1) 由已知可知,$P\{F\leq F_{0.05}(10,5)\}=0.95$,在 Matlab 窗口中键入下列语句:

```
>> finv(0.95,10,5)           % 求上侧分位数 F_0.05(10,5)
ans = 4.7351                 % 运行结果为 F_0.05(10,5)=4.7351
```

(2) 编写 m 文件 ffenbutuxing.m,程序如下:

```
x = 0:0.01:5;
y1 = fpdf(x,10,5);
y2 = fcdf(x,10,5);
subplot(1,2,1);
plot(x,y1,'k','linewidth',2)
axis([0,5,0,1]);
set(gca,'xtick',[0,1,2,3,4,5]);
set(gca,'ytick',[0,0.2,0.4,0.6,0.8,1]);
title('f 分布的密度函数图形')
box off
subplot(1,2,2);
plot(x,y2,'k','linewidth',2)
axis([0,5,0,1]);
set(gca,'xtick',[0,1,2,3,4,5]);
set(gca,'ytick',[0,0.1,0.2,0.3,0.4,0.5,0.6,0.7,0.8,0.9,1]);
title('f 分布的分布函数图形')
box off
```

运行程序,得到 F 分布的密度函数图形和分布函数图形,如图 6-4 所示.

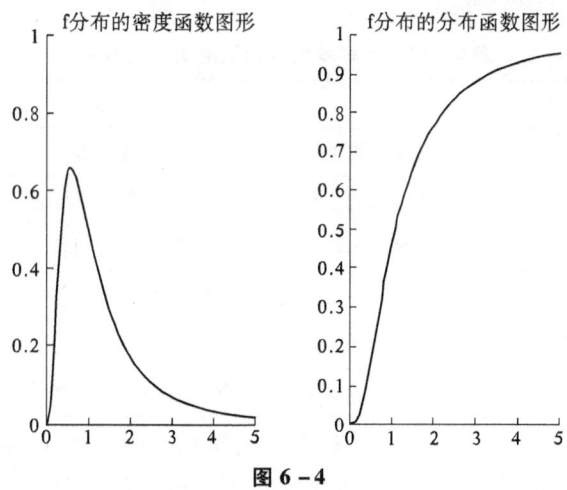

图 6-4

习题 6-2

1. 设 $X \sim B(10, 0.3)$，利用 Matlab 计算：
(1) $P\{X=5\}$； (2) $E(X)$ 和 $D(X)$.

2. 设 $X \sim N(2, 3^2)$，利用 Matlab：
(1) 作出其密度函数图形和分布函数图形；
(2) 求 $P\{3 < X < 5\}$ 和 $P\{X > -5\}$.

3. 利用 Matlab 计算下列分位数（结果保留四位小数）：
(1) 标准正态分布的上侧分位数 $u_{0.025}$ 和 $u_{0.01}$；
(2) χ^2 分布的上侧分位数 $\chi^2_{0.01}(20)$ 和 $\chi^2_{0.95}(10)$；
(3) t 分布的上侧分位数 $t_{0.01}(2)$ 和 $t_{0.05}(20)$；
(4) F 分布的上侧分位数 $F_{0.05}(5, 10)$ 和 $F_{0.025}(15, 30)$.

§6.3 利用 Matlab 进行统计分析

利用 Matlab 可以方便快捷地进行统计分析，下面简要介绍求样本的数字特征、总体均值和方差的区间估计以及线性回归分析等在 Matlab 中的实现方法.

一、利用 Matlab 求样本的数字特征

利用 Matlab 求样本的均值、方差等数字特征的函数及格式如表 6-12 所示.

表 6-12 求样本数字特征的函数及格式

格式	意义
mean(X)	求样本均值,其中 X 为样本的观测值
median(X)	求样本的中位数,其中 X 为样本的观测值
range(X)	求样本的极差,其中 X 为样本的观测值
var(X)	求样本的方差,其中 X 为样本的观测值
moment(X,k)	求样本的 k 阶中心距,其中 X 为样本的观测值
std(X)	求样本的标准差,其中 X 为样本的观测值
corrcoef(X,Y) 或 corrcoef(X)	求样本的相关系数,其中 corrcoef(X,Y) 中的 X 和 Y 为列向量, corrcoef(X) 中的 X 是矩阵,X 的每一列可看作是一组样本值,求它们两两间的相关系数

例 1 表 6-13 是我国城镇居民 1986~1995 年家庭人均收入和人均消费的统计数据.

表 6-13 家庭人均收入和人均消费数据

年份	1986	1987	1988	1989	1990	1991	1992	1993	1994	1995
人均收入 x(元)	931	1089	1431	1568	1686	1925	2356	3027	3979	5044
人均消费 y(元)	828	916	1119	1261	1387	1544	1826	2336	3179	3893

求:(1)人均收入的样本均值、样本方差、二阶中心矩和中位数;
(2)人均收入和人均消费的样本相关系数.

解 在 Matlab 窗口中键入下列语句,运行后可得要求的结果.

```
>> x = [931,1089,1431,1568,1686,1925,2356,3027,3979,5044];
>> y = [828,916,1119,1261,1387,1544,1826,2336,3179,3893];
>> xp = mean(x)              %求人均收入的样本均值
xp = 2.3036e+003             %运行结果为 x̄ = 2303.6
>> s2 = var(x)               %求人均收入的样本方差
s2 = 1.7810e+006             %运行结果为 $s^2 = 1.7810 \times 10^6$
>> B2 = moment(x,2)          %求人均收入的二阶中心矩
B2 = 1.6029e+006             %运行结果为 $B_2 = 1.6029 \times 10^6$
>> median(x)                 %求人均收入的中位数
ans = 1.8055e+003            %中位数为 1805.5
>> r = corrcoef(x,y)         %求人均收入和人均消费的样本相关系数
r = 1.0000    0.9992         %运行结果为相关系数 $r = 0.9992$
    0.9992    1.0000
```

二、利用 Matlab 作频数直方图和频率直方图

利用 Matlab 作频数直方图和频率直方图的函数分别是 bar 和 hist 函数,它们的格式如表 6-14 所示.

表 6-14 作频数直方图和频率直方图的函数及格式

格式	意义
bar(X,Y)	作向量 Y 对 X 的条形图
hist(X,k)	将向量 X 中的数据等距分为 k 组,并作频数直方图,k 的默认值为 10
[n,x] = hist(Y,k)	不作图,n 返回各组数据的频数,x 返回各组的中心位置

说明:作频率直方图的步骤为

(1)用[n,x] = hist(Y,k)求出各组数据的频数 n 和各组的中心位置 x;

(2)计算频率密度 $y = \dfrac{\text{频数}}{Y \text{中数据个数} \times \text{组距}} = \dfrac{n}{Y \text{中数据个数} \times \text{组距}}$;

(3)用 bar(x,y,width)作出频率直方图,其中 width 是表示条形宽度的 0~1 之间的数.

例 2 利用 randn 函数生成 100 个标准正态分布随机数,并作出频数直方图和频率直方图.

解 编写 m 文件 pinshupinluzhifangtu.m,程序如下:

```
clear,clc
data = randn(1,100);              %生成 100 个标准正态分布随机数
subplot(1,2,1);
hist(data,10);                    %作出频数直方图
title('频数直方图')
box off
datamax = max(data);datamin = min(data);  %求出数据的最大值和最小值
zuju = (datamax - datamin)/10;    %计算组距
[n,x] = hist(data,10);            %求出各组数据的频数和中心位置
y = n/(100 * zuju);               %计算频率/组距,即频率密度
subplot(1,2,2);
bar(x,y,1);                       %作出频率直方图
title('频率直方图')
box off
```

运行程序,得到频数直方图和频率直方图,如图 6-5 所示.

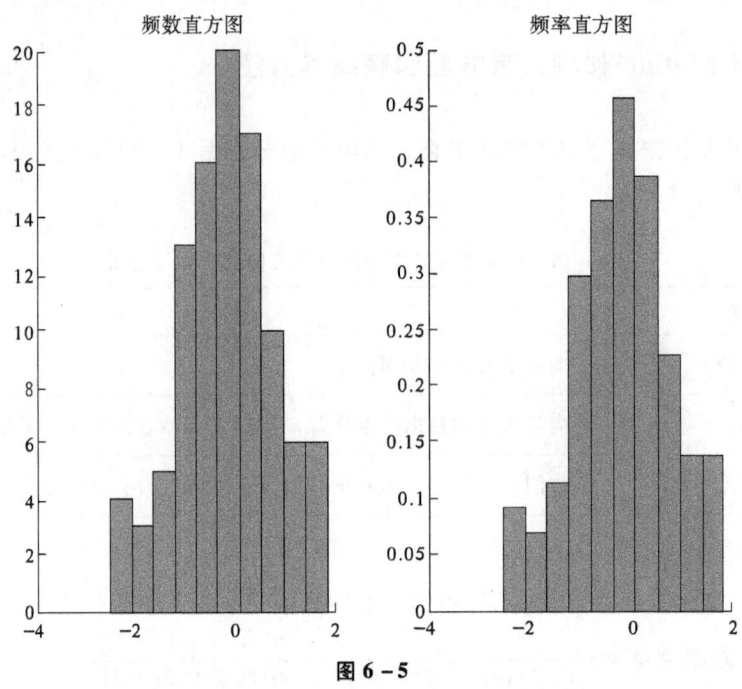

图 6–5

三、利用 Matlab 进行参数估计

由于本书第 5 章只介绍了参数估计中的点估计和区间估计,而且正态分布广泛存在于实际问题中,所以下面只给出正态总体均值 μ 和方差 σ^2 的点估计和区间估计在 Matlab 中的实现方法,用到的函数及格式如下:

$$[\text{mu},\text{sig},\text{muci},\text{sigci}] = \text{normfit}(X,\text{alpha}),$$

其中 X 可以是向量也可以是矩阵,X 为矩阵时是针对矩阵的每一个列向量分别进行运算,alpha 是给定的置信水平,返回值中 mu 和 sig 分别为正态总体均值 μ 和标准差 σ 的点估计值,muci 和 sigci 分别为 μ 和 σ 的区间估计.

例 3 从一大批袋装糖果中随机抽取 16 袋,称得它们的重量(单位:g)如下:

506, 508, 499, 503, 504, 510, 497, 512,
514, 505, 493, 496, 506, 502, 509, 496.

假设这批糖果的重量 $X \sim N(\mu,\sigma^2)$,求:

(1)总体均值 μ 和标准差 σ 的点估计值 $\hat{\mu}$ 和 $\hat{\sigma}$;

(2)总体均值 μ 和标准差 σ 的置信度为 0.95 的置信区间.

解 在 Matlab 命令窗口中输入下列语句,运行后即可得要求的结果.

\>\> X = [506,508,499,503,504,510,497,512,514,505,493,496,506,502,509,496];
%输入样本值

\>\> [mu,sig,muci,sigci] = normfit(X,0.05)   %进行参数估计

mu = 503.7500   %运行结果为 $\hat{\mu}$ = 503.75

sig = 6.2022   %运行结果为 $\hat{\sigma} = 6.2022$
muci = 500.4451
       507.0549
%运行结果：均值 μ 的置信度为 0.95 的置信区间是 (500.4451, 507.0549)
sigci = 4.5816
        9.5990
%运行结果：标准差 σ 的置信度为 0.95 的置信区间是 (4.5816, 9.5990)

四、利用 Matlab 进行一元线性回归分析

设一元线性回归方程为

$$\hat{y} = b + ax.$$

利用 Matlab 进行一元线性回归分析，用到的函数及格式如表 6-15 所示．

表 6-15　利用 Matlab 进行一元线性回归分析用到的函数及格式

格式	意义
scatter(X,Y)	作分别以 X,Y 为横、纵坐标的散点图
[b,bint,r,rint,stats] = regress(Y,X,alpha)	进行一元线性回归分析，其中 Y 为因变量的样本观测值；X 为 $n \times 2$ 矩阵，第一列元素全是 1，第二列元素为自变量的样本观测值；alpha 为显著性水平；等式左端为返回值，意义见说明

说明：等式左侧返回值中，b 是列向量，元素分别是回归系数 b 和 a 的值，bint 为回归系数的区间估计，r 为残差的点估计，rint 为残差的区间估计，stats 为回归方程的检验统计量，有四项：第一项是回归方程的决定系数 R^2，表示回归方程的拟合效果，它越接近于 1，拟合效果越好；第二项为回归方程的 F 统计量；第三项是拒绝无效假设概率 p，其值小于 alpha 表示两变量间的线性相关关系明显，回归方程是有效的，否则，回归方程是无效的；第四项为剩余方差 s^2.

例 4　利用 Matlab 求 §5.3 例 3 中产品的生产量 x 和生产费用 y 之间的线性回归方程.

解　建立 m 文件 xianxinghuiguishengchan.m，程序如下：
clear,clc
x = [1.5,2,3,4.5,7.5,9.1,10.5,12];   %输入 x 的观察值
Y = [5.6,6.6,7.2,7.8,10.1,10.8,13.5,16.5];   %输入 y 的观察值
scatter(x,Y,'k*')   %作散点图
X = [1,1.5;1,2;1,3;1,4.5;1,7.5;1,9.1;1,10.5;1,12];
[b,bint,r,rint,stats] = regress(Y',X,0.05);   %进行线性回归分析
x1 = 1:0.01:13;   %生成一组 x 值
X = [ones(1201,1),x1'];   %回归方程的系数矩阵

```
y1 = X * b;                              % 代入回归方程求 y 的预测值
hold on
plot(x1,y1′,′k - ′)                       % 作回归直线
axis([0,15,0,30])
set(gca,′xtick′,[0,2,4,6,8,10,12,14]);
set(gca,′ytick′,[0,5,10,15,20,25,30]);
legend(′散点图′,′回归直线′)
```

运行程序,得到散点图如图 6 - 6 所示,回归分析返回的参数为

b = 4.1575
    0.8950

bint = 2.4692   5.8458
       0.6644   1.1256

r =   0.1000
    0.6525
    0.3575
   - 0.3850
   - 0.7701
   - 1.5021
   - 0.0551
    1.6024

rint = - 2.1283   2.3283
      - 1.5282   2.8332
      - 2.0074   2.7223
      - 2.8445   2.0744
      - 3.1401   1.5999
      - 3.2935   0.2893
      - 2.3519   2.2417
        0.4846   2.7201

stats = 0.9376   90.1871   0.0001   1.0220

可以看出:回归系数为 $b = 4.1575, a = 0.8950$,于是,线性回归方程为

$$\hat{y} = 4.1575 + 0.8950x.$$

stats 中的数分别为 $R^2 = 0.9376$, $F = 90.1871$, $p = 0.0001$, $s^2 = 1.022$. R^2 接近于 1,说明拟合效果好; $F = 90.1871 > F_{0.05}(1,6) = 5.99$, $p = 0.0001 < 0.05$,说明变量 y 与 x 间的

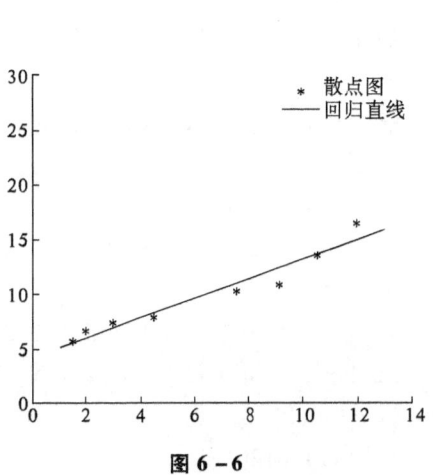

图 6 - 6

线性相关关系显著,回归方程 $\hat{y} = 4.1575 + 0.8950x$ 是有效的.

习 题 6 – 3

利用 Matlab 完成下列各题.

1. 为检测自动生产线上的产品是否合格,随机抽取 30 件产品,测得它们的重量分别为

156, 134, 160, 141, 159, 141, 161, 157, 171, 155,
149, 144, 169, 138, 168, 147, 153, 156, 125, 156,
135, 156, 151, 155, 146, 155, 157, 198, 161, 151.

假设这批产品的重量 X 服从正态分布 $N(\mu, \sigma^2)$.

(1) 求样本的均值和方差;

(2) 作出频数直方图和频率直方图,分组数取为 5;

(3) 分别求总体均值 μ 和方差 σ^2 的置信度为 0.95 的置信区间.

2. 从某市女大学生中随机抽出 12 名,测量她们的身高和腿长,数据如下表所示:

身高 x(cm)	149	150	153	154	155	156	157	158	159	160	162	164
腿长 y(cm)	92	93	93	96	96	98	97	96	98	99	100	102

(1) 作出散点图,并求出样本相关系数;

(2) 判断她们的身高和腿长之间是否有线性相关关系,若有,求出二者之间的线性回归方程,并对回归方程用 F 检验法进行检验,取 $\alpha = 0.05$.

附　　表

附表1　标准正态分布表

$$\Phi(x) = \int_{-\infty}^{x} \frac{1}{\sqrt{2\pi}} e^{-\frac{u^2}{2}} du = P\{X < x\}$$

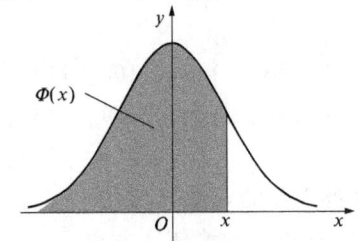

x	0	1	2	3	4	5	6	7	8	9
0.0	0.5000	0.5040	0.5080	0.5120	0.5160	0.5199	0.5239	0.5279	0.5319	0.5359
0.1	0.5398	0.5438	0.5478	0.5517	0.5557	0.5596	0.5636	0.5675	0.5714	0.5753
0.2	0.5793	0.5832	0.5871	0.5910	0.5948	0.5987	0.6026	0.6064	0.6103	0.6141
0.3	0.6179	0.6217	0.6255	0.6293	0.6331	0.6368	0.6406	0.6443	0.6480	0.6517
0.4	0.6554	0.6591	0.6628	0.6664	0.6700	0.6736	0.6772	0.6808	0.6844	0.6879
0.5	0.6915	0.6950	0.6985	0.7019	0.7054	0.7088	0.7123	0.7157	0.7190	0.7224
0.6	0.7257	0.7291	0.7324	0.7357	0.7389	0.7422	0.7454	0.7486	0.7517	0.7549
0.7	0.7580	0.7611	0.7642	0.7673	0.7704	0.7734	0.7764	0.7794	0.7823	0.7852
0.8	0.7881	0.7910	0.7939	0.7967	0.7995	0.8023	0.8051	0.8078	0.8106	0.8133
0.9	0.8159	0.8186	0.8212	0.8238	0.8264	0.8289	0.8315	0.8340	0.8365	0.8389
1.0	0.8413	0.8438	0.8461	0.8485	0.8508	0.8531	0.8554	0.8577	0.8599	0.8621
1.1	0.8643	0.8665	0.8686	0.8708	0.8729	0.8749	0.8770	0.8790	0.8810	0.8830
1.2	0.8849	0.8869	0.8888	0.8907	0.8925	0.8944	0.8962	0.8980	0.8997	0.9015
1.3	0.9032	0.9049	0.9066	0.9082	0.9099	0.9115	0.9131	0.9147	0.9162	0.9177
1.4	0.9192	0.9207	0.9222	0.9236	0.9251	0.9265	0.9279	0.9292	0.9306	0.9319
1.5	0.9332	0.9345	0.9357	0.9370	0.9382	0.9394	0.9406	0.9418	0.9429	0.9441
1.6	0.9452	0.9463	0.9474	0.9484	0.9495	0.9505	0.9515	0.9525	0.9535	0.9545
1.7	0.9554	0.9564	0.9573	0.9582	0.9591	0.9599	0.9608	0.9616	0.9625	0.9633
1.8	0.9641	0.9649	0.9656	0.9664	0.9671	0.9678	0.9686	0.9693	0.9699	0.9706
1.9	0.9713	0.9719	0.9726	0.9732	0.9738	0.9744	0.9750	0.9756	0.9761	0.9767
2.0	0.9772	0.9778	0.9783	0.9788	0.9793	0.9798	0.9803	0.9808	0.9812	0.9817
2.1	0.9821	0.9826	0.9830	0.9834	0.9838	0.9842	0.9846	0.9850	0.9854	0.9857
2.2	0.9861	0.9864	0.9868	0.9871	0.9875	0.9878	0.9881	0.9884	0.9887	0.9890
2.3	0.9893	0.9896	0.9898	0.9901	0.9904	0.9906	0.9909	0.9911	0.9913	0.9916
2.4	0.9918	0.9920	0.9922	0.9925	0.9927	0.9929	0.9931	0.9932	0.9934	0.9936
2.5	0.9938	0.9940	0.9941	0.9943	0.9945	0.9946	0.9948	0.9949	0.9951	0.9952
2.6	0.9953	0.9955	0.9956	0.9957	0.9959	0.9960	0.9961	0.9962	0.9963	0.9964
2.7	0.9965	0.9966	0.9967	0.9968	0.9969	0.9970	0.9971	0.9972	0.9973	0.9974
2.8	0.9974	0.9975	0.9976	0.9977	0.9977	0.9978	0.9979	0.9979	0.9980	0.9981
2.9	0.9981	0.9982	0.9982	0.9983	0.9984	0.9984	0.9985	0.9985	0.9986	0.9986
3.0	0.9987	0.9987	0.9987	0.9988	0.9988	0.9989	0.9989	0.9989	0.9990	0.9990

附表 2 χ^2 分布的上侧分位数表

$P\{\chi^2(n) > \chi^2_\alpha(n)\} = \alpha$

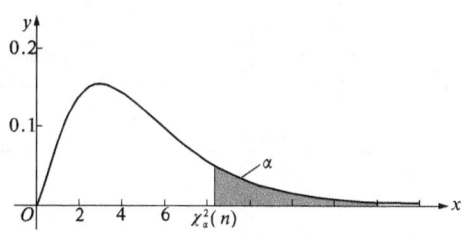

n \ α	0.995	0.99	0.975	0.95	0.9	0.75
1	0.000	0.000	0.001	0.004	0.016	0.102
2	0.010	0.020	0.051	0.103	0.211	0.575
3	0.072	0.115	0.216	0.352	0.584	1.213
4	0.207	0.297	0.484	0.711	1.064	1.923
5	0.412	0.554	0.831	1.145	1.610	2.675
6	0.676	0.872	1.237	1.635	2.204	3.455
7	0.989	1.239	1.690	2.167	2.833	4.255
8	1.344	1.646	2.180	2.733	3.490	5.071
9	1.735	2.088	2.700	3.325	4.168	5.899
10	2.156	2.558	3.247	3.940	4.865	6.737
11	2.603	3.053	3.816	4.575	5.578	7.584
12	3.074	3.571	4.404	5.226	6.304	8.438
13	3.565	4.107	5.009	5.892	7.042	9.299
14	4.075	4.660	5.629	6.571	7.790	10.165
15	4.601	5.229	6.262	7.261	8.547	11.037
16	5.142	5.812	6.908	7.962	9.312	11.912
17	5.697	6.408	7.564	8.672	10.085	12.792
18	6.265	7.015	8.231	9.390	10.865	13.675
19	6.844	7.633	8.907	10.117	11.651	14.562
20	7.434	8.260	9.591	10.851	12.443	15.452
21	8.034	8.897	10.283	11.591	13.240	16.344
22	8.643	9.542	10.982	12.338	14.041	17.240
23	9.260	10.196	11.689	13.091	14.848	18.137
24	9.886	10.856	12.401	13.848	15.659	19.037
25	10.520	11.524	13.120	14.611	16.473	19.939
26	11.160	12.198	13.844	15.379	17.292	20.843
27	11.808	12.879	14.573	16.151	18.114	21.749
28	12.461	13.565	15.308	16.928	18.939	22.657
29	13.121	14.256	16.047	17.708	19.768	23.567
30	13.787	14.953	16.791	18.493	20.599	24.478
31	14.458	15.655	17.539	19.281	21.434	25.390
32	15.134	16.362	18.291	20.072	22.271	26.304
33	15.815	17.074	19.047	20.867	23.110	27.219
34	16.501	17.789	19.806	21.664	23.952	28.136
35	17.192	18.509	20.569	22.465	24.797	29.054
36	17.887	19.233	21.336	23.269	25.643	29.973
37	18.586	19.960	22.106	24.075	26.492	30.893
38	19.289	20.691	22.878	24.884	27.343	31.815
39	19.996	21.426	23.654	25.695	28.196	32.737
40	20.707	22.164	24.433	26.509	29.051	33.660
41	21.421	22.906	25.215	27.326	29.907	34.585
42	22.138	23.650	25.999	28.144	30.765	35.510
43	22.859	24.398	26.785	28.965	31.625	36.436
44	23.584	25.148	27.575	29.787	32.487	37.363
45	24.311	25.901	28.366	30.612	33.350	38.291

续表

n \ α	0.25	0.1	0.05	0.025	0.01	0.005
1	1.323	2.706	3.841	5.024	6.635	7.879
2	2.773	4.605	5.991	7.378	9.210	10.597
3	4.108	6.251	7.815	9.348	11.345	12.838
4	5.385	7.779	9.488	11.143	13.277	14.860
5	6.626	9.236	11.071	12.833	15.086	16.750
6	7.841	10.645	12.592	14.449	16.812	18.548
7	9.037	12.017	14.067	16.013	18.475	20.278
8	10.219	13.362	15.507	17.535	20.090	21.955
9	11.389	14.684	16.919	19.023	21.666	23.589
10	12.549	15.987	18.307	20.483	23.209	25.188
11	13.701	17.275	19.675	21.920	24.725	26.757
12	14.845	18.549	21.026	23.337	26.217	28.300
13	15.984	19.812	22.362	24.736	27.688	29.819
14	17.117	21.064	23.685	26.119	29.141	31.319
15	18.245	22.307	24.996	27.488	30.578	32.801
16	19.369	23.542	26.296	28.845	32.000	34.267
17	20.489	24.769	27.587	30.191	33.409	35.718
18	21.605	25.989	28.869	31.526	34.805	37.156
19	22.718	27.204	30.144	32.852	36.191	38.582
20	23.828	28.412	31.410	34.170	37.566	39.997
21	24.935	29.615	32.671	35.479	38.932	41.401
22	26.039	30.813	33.924	36.781	40.289	42.796
23	27.141	32.007	35.172	38.076	41.638	44.181
24	28.241	33.196	36.415	39.364	42.980	45.559
25	29.339	34.382	37.652	40.646	44.314	46.928
26	30.435	35.563	38.885	41.923	45.642	48.290
27	31.528	36.741	40.113	43.195	46.963	49.645
28	32.620	37.916	41.337	44.461	48.278	50.993
29	33.711	39.087	42.557	45.722	49.588	52.336
30	34.800	40.256	43.773	46.979	50.892	53.672
31	35.887	41.422	44.985	48.232	52.191	55.003
32	36.973	42.585	46.194	49.480	53.486	56.328
33	38.058	43.745	47.400	50.725	54.776	57.648
34	39.141	44.903	48.602	51.966	56.061	58.964
35	40.223	46.059	49.802	53.203	57.342	60.275
36	41.304	47.212	50.998	54.437	58.619	61.581
37	42.383	48.363	52.192	55.668	59.893	62.883
38	43.462	49.513	53.384	56.896	61.162	64.181
39	44.539	50.660	54.572	58.120	62.428	65.476
40	45.616	51.805	55.758	59.342	63.691	66.766
41	46.692	52.949	56.942	60.561	64.950	68.053
42	47.766	54.090	58.124	61.777	66.206	69.336
43	48.840	55.230	59.304	62.990	67.459	70.616
44	49.913	56.369	60.481	64.201	68.710	71.893
45	50.985	57.505	61.656	65.410	69.957	73.166

附表3　t 分布的上侧分位数表

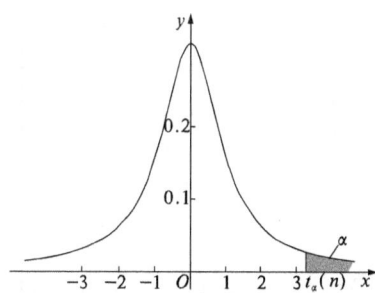

$P\{t > t_\alpha(n)\} = \alpha$

α \ n	0.100	0.050	0.025	0.010	0.005
1	3.0777	6.3138	12.7062	31.8205	63.6567
2	1.8856	2.9200	4.3027	6.9646	9.9248
3	1.6377	2.3534	3.1824	4.5407	5.8409
4	1.5332	2.1318	2.7764	3.7469	4.6041
5	1.4759	2.0150	2.5706	3.3649	4.0321
6	1.4398	1.9432	2.4469	3.1427	3.7074
7	1.4149	1.8946	2.3646	2.9980	3.4995
8	1.3968	1.8595	2.3060	2.8965	3.3554
9	1.3830	1.8331	2.2622	2.8214	3.2498
10	1.3722	1.8125	2.2281	2.7638	3.1693
11	1.3634	1.7959	2.2010	2.7181	3.1058
12	1.3562	1.7823	2.1788	2.6810	3.0545
13	1.3502	1.7709	2.1604	2.6503	3.0123
14	1.3450	1.7613	2.1448	2.6245	2.9768
15	1.3406	1.7531	2.1314	2.6025	2.9467
16	1.3368	1.7459	2.1199	2.5835	2.9208
17	1.3334	1.7396	2.1098	2.5669	2.8982
18	1.3304	1.7341	2.1009	2.5524	2.8784
19	1.3277	1.7291	2.0930	2.5395	2.8609
20	1.3253	1.7247	2.0860	2.5280	2.8453
21	1.3232	1.7207	2.0796	2.5176	2.8314
22	1.3212	1.7171	2.0739	2.5083	2.8188
23	1.3195	1.7139	2.0687	2.4999	2.8073
24	1.3178	1.7109	2.0639	2.4922	2.7969
25	1.3163	1.7081	2.0595	2.4851	2.7874
26	1.3150	1.7056	2.0555	2.4786	2.7787
27	1.3137	1.7033	2.0518	2.4727	2.7707
28	1.3125	1.7011	2.0484	2.4671	2.7633
29	1.3114	1.6991	2.0452	2.4620	2.7564
30	1.3104	1.6973	2.0423	2.4573	2.7500

附表 4 F 分布的上侧分位数表

$$P\{t > F_\alpha(m,n)\} = \alpha$$

$\alpha = 0.1$

n\m	1	2	3	4	5	6	7	8	9	10	11	12	13	14	15	16	17	18	19	20
1	39.86	8.53	5.54	4.54	4.06	3.78	3.59	3.46	3.36	3.29	3.23	3.18	3.14	3.10	3.07	3.05	3.03	3.01	2.99	2.97
2	49.50	9.00	5.46	4.32	3.78	3.46	3.26	3.11	3.01	2.92	2.86	2.81	2.76	2.73	2.70	2.67	2.64	2.62	2.61	2.59
3	53.59	9.16	5.39	4.19	3.62	3.29	3.07	2.92	2.81	2.73	2.66	2.61	2.56	2.52	2.49	2.46	2.44	2.42	2.40	2.38
4	55.83	9.24	5.34	4.11	3.52	3.18	2.96	2.81	2.69	2.61	2.54	2.48	2.43	2.39	2.36	2.33	2.31	2.29	2.27	2.25
5	57.24	9.29	5.31	4.05	3.45	3.11	2.88	2.73	2.61	2.52	2.45	2.39	2.35	2.31	2.27	2.24	2.22	2.20	2.18	2.16
6	58.20	9.33	5.28	4.01	3.40	3.05	2.83	2.67	2.55	2.46	2.39	2.33	2.28	2.24	2.21	2.18	2.15	2.13	2.11	2.09
7	58.91	9.35	5.27	3.98	3.37	3.01	2.78	2.62	2.51	2.41	2.34	2.28	2.23	2.19	2.16	2.13	2.10	2.08	2.06	2.04
8	59.44	9.37	5.25	3.95	3.34	2.98	2.75	2.59	2.47	2.38	2.30	2.24	2.20	2.15	2.12	2.09	2.06	2.04	2.02	2.00
9	59.86	9.38	5.24	3.94	3.32	2.96	2.72	2.56	2.44	2.35	2.27	2.21	2.16	2.12	2.09	2.06	2.03	2.00	1.98	1.96
10	60.19	9.39	5.23	3.92	3.30	2.94	2.70	2.54	2.42	2.32	2.25	2.19	2.14	2.10	2.06	2.03	2.00	1.98	1.96	1.94
11	60.47	9.40	5.22	3.91	3.28	2.92	2.68	2.52	2.40	2.30	2.23	2.17	2.12	2.07	2.04	2.01	1.98	1.95	1.93	1.91
12	60.71	9.41	5.22	3.90	3.27	2.90	2.67	2.50	2.38	2.28	2.21	2.15	2.10	2.05	2.02	1.99	1.96	1.93	1.91	1.89

续表

$\alpha = 0.05$

n\m	1	2	3	4	5	6	7	8	9	10	11	12	13	14	15	16	17	18	19	20
1	161.4	18.51	10.13	7.71	6.61	5.99	5.59	5.32	5.12	4.96	4.84	4.75	4.67	4.60	4.54	4.49	4.45	4.41	4.38	4.35
2	199.5	19.00	9.55	6.94	5.79	5.14	4.74	4.46	4.26	4.10	3.98	3.89	3.81	3.74	3.68	3.63	3.59	3.55	3.52	3.49
3	215.7	19.16	9.28	6.59	5.41	4.76	4.35	4.07	3.86	3.71	3.59	3.49	3.41	3.34	3.29	3.24	3.20	3.16	3.13	3.10
4	224.6	19.25	9.12	6.39	5.19	4.53	4.12	3.84	3.63	3.48	3.36	3.26	3.18	3.11	3.06	3.01	2.96	2.93	2.90	2.87
5	230.2	19.30	9.01	6.26	5.05	4.39	3.97	3.69	3.48	3.33	3.20	3.11	3.03	2.96	2.90	2.85	2.81	2.77	2.74	2.71
6	234.0	19.33	8.94	6.16	4.95	4.28	3.87	3.58	3.37	3.22	3.09	3.00	2.92	2.85	2.79	2.74	2.70	2.66	2.63	2.60
7	236.8	19.35	8.89	6.09	4.88	4.21	3.79	3.50	3.29	3.14	3.01	2.91	2.83	2.76	2.71	2.66	2.61	2.58	2.54	2.51
8	238.9	19.37	8.85	6.04	4.82	4.15	3.73	3.44	3.23	3.07	2.95	2.85	2.77	2.70	2.64	2.59	2.55	2.51	2.48	2.45
9	240.5	19.38	8.81	6.00	4.77	4.10	3.68	3.39	3.18	3.02	2.90	2.80	2.71	2.65	2.59	2.54	2.49	2.46	2.42	2.39
10	241.9	19.40	8.79	5.96	4.74	4.06	3.64	3.35	3.14	2.98	2.85	2.75	2.67	2.60	2.54	2.49	2.45	2.41	2.38	2.35
11	243.0	19.40	8.76	5.94	4.70	4.03	3.60	3.31	3.10	2.94	2.82	2.72	2.63	2.57	2.51	2.46	2.41	2.37	2.34	2.31
12	243.9	19.41	8.74	5.91	4.68	4.00	3.57	3.28	3.07	2.91	2.79	2.69	2.60	2.53	2.48	2.42	2.38	2.34	2.31	2.28

$\alpha = 0.025$

n\m	1	2	3	4	5	6	7	8	9	10	11	12	13	14	15	16	17	18	19	20
1	647.8	38.51	17.44	12.22	10.01	8.81	8.07	7.57	7.21	6.94	6.72	6.55	6.41	6.30	6.20	6.12	6.04	5.98	5.92	5.87
2	799.5	39.00	16.04	10.65	8.43	7.26	6.54	6.06	5.71	5.46	5.26	5.10	4.97	4.86	4.77	4.69	4.62	4.56	4.51	4.46
3	864.2	39.17	15.44	9.98	7.76	6.60	5.89	5.42	5.08	4.83	4.63	4.47	4.35	4.24	4.15	4.08	4.01	3.95	3.90	3.86
4	899.6	39.25	15.10	9.60	7.39	6.23	5.52	5.05	4.72	4.47	4.28	4.12	4.00	3.89	3.80	3.73	3.66	3.61	3.56	3.51
5	921.8	39.30	14.88	9.36	7.15	5.99	5.29	4.82	4.48	4.24	4.04	3.89	3.77	3.66	3.58	3.50	3.44	3.38	3.33	3.29
6	937.1	39.33	14.73	9.20	6.98	5.82	5.12	4.65	4.32	4.07	3.88	3.73	3.60	3.50	3.41	3.34	3.28	3.22	3.17	3.13
7	948.2	39.36	14.62	9.07	6.85	5.70	4.99	4.53	4.20	3.95	3.76	3.61	3.48	3.38	3.29	3.22	3.16	3.10	3.05	3.01
8	956.7	39.37	14.54	8.98	6.76	5.60	4.90	4.43	4.10	3.85	3.66	3.51	3.39	3.29	3.20	3.12	3.06	3.01	2.96	2.91
9	963.3	39.39	14.47	8.90	6.68	5.52	4.82	4.36	4.03	3.78	3.59	3.44	3.31	3.21	3.12	3.05	2.98	2.93	2.88	2.84
10	968.6	39.40	14.42	8.84	6.62	5.46	4.76	4.30	3.96	3.72	3.53	3.37	3.25	3.15	3.06	2.99	2.92	2.87	2.82	2.77
11	973.0	39.41	14.37	8.79	6.57	5.41	4.71	4.24	3.91	3.66	3.47	3.32	3.20	3.09	3.01	2.93	2.87	2.81	2.76	2.72
12	976.7	39.41	14.34	8.75	6.52	5.37	4.67	4.20	3.87	3.62	3.43	3.28	3.15	3.05	2.96	2.89	2.82	2.77	2.72	2.68

续表

$\alpha = 0.01$

m\n	1	2	3	4	5	6	7	8	9	10	11	12	13	14	15	16	17	18	19	20
1	4052	98.50	34.12	21.20	16.26	13.75	12.25	11.26	10.56	10.04	9.65	9.33	9.07	8.86	8.68	8.53	8.40	8.29	8.18	8.10
2	5000	99.00	30.82	18.00	13.27	10.92	9.55	8.65	8.02	7.56	7.21	6.93	6.70	6.51	6.36	6.23	6.11	6.01	5.93	5.85
3	5403	99.17	29.46	16.69	12.06	9.78	8.45	7.59	6.99	6.55	6.22	5.95	5.74	5.56	5.42	5.29	5.18	5.09	5.01	4.94
4	5625	99.25	28.71	15.98	11.39	9.15	7.85	7.01	6.42	5.99	5.67	5.41	5.21	5.04	4.89	4.77	4.67	4.58	4.50	4.43
5	5764	99.30	28.24	15.52	10.97	8.75	7.46	6.63	6.06	5.64	5.32	5.06	4.86	4.69	4.56	4.44	4.34	4.25	4.17	4.10
6	5859	99.33	27.91	15.21	10.67	8.47	7.19	6.37	5.80	5.39	5.07	4.82	4.62	4.46	4.32	4.20	4.10	4.01	3.94	3.87
7	5928	99.36	27.67	14.98	10.46	8.26	6.99	6.18	5.61	5.20	4.89	4.64	4.44	4.28	4.14	4.03	3.93	3.84	3.77	3.70
8	5982	99.37	27.49	14.80	10.29	8.10	6.84	6.03	5.47	5.06	4.74	4.50	4.30	4.14	4.00	3.89	3.79	3.71	3.63	3.56
9	6022	99.39	27.35	14.66	10.16	7.98	6.72	5.91	5.35	4.94	4.63	4.39	4.19	4.03	3.89	3.78	3.68	3.60	3.52	3.46
10	6056	99.40	27.23	14.55	10.05	7.87	6.62	5.81	5.26	4.85	4.54	4.30	4.10	3.94	3.80	3.69	3.59	3.51	3.43	3.37
11	6083	99.41	27.13	14.45	9.96	7.79	6.54	5.73	5.18	4.77	4.46	4.22	4.02	3.86	3.73	3.62	3.52	3.43	3.36	3.29
12	6106	99.42	27.05	14.37	9.89	7.72	6.47	5.67	5.11	4.71	4.40	4.16	3.96	3.80	3.67	3.55	3.46	3.37	3.30	3.23

$\alpha = 0.005$

m\n	1	2	3	4	5	6	7	8	9	10	11	12	13	14	15	16	17	18	19	20
1	16211	198.5	55.55	31.33	22.78	18.63	16.24	14.69	13.61	12.83	12.23	11.75	11.37	11.06	10.80	10.58	10.38	10.22	10.07	9.94
2	20000	199.0	49.80	26.28	18.31	14.54	12.40	11.04	10.11	9.43	8.91	8.51	8.19	7.92	7.70	7.51	7.35	7.21	7.09	6.99
3	21615	199.2	47.47	24.26	16.53	12.92	10.88	9.60	8.72	8.08	7.60	7.23	6.93	6.68	6.48	6.30	6.16	6.03	5.92	5.82
4	22500	199.2	46.19	23.15	15.56	12.03	10.05	8.81	7.96	7.34	6.88	6.52	6.23	6.00	5.80	5.64	5.50	5.37	5.27	5.17
5	23056	199.3	45.39	22.46	14.94	11.46	9.52	8.30	7.47	6.87	6.42	6.07	5.79	5.56	5.37	5.21	5.07	4.96	4.85	4.76
6	23437	199.3	44.84	21.97	14.51	11.07	9.16	7.95	7.13	6.54	6.10	5.76	5.48	5.26	5.07	4.91	4.78	4.66	4.56	4.47
7	23715	199.4	44.43	21.62	14.20	10.79	8.89	7.69	6.88	6.30	5.86	5.52	5.25	5.03	4.85	4.69	4.56	4.44	4.34	4.26
8	23925	199.4	44.13	21.35	13.96	10.57	8.68	7.50	6.69	6.12	5.68	5.35	5.08	4.86	4.67	4.52	4.39	4.28	4.18	4.09
9	24091	199.4	43.88	21.14	13.77	10.39	8.51	7.34	6.54	5.97	5.54	5.20	4.94	4.72	4.54	4.38	4.25	4.14	4.04	3.96
10	24224	199.4	43.69	20.97	13.62	10.25	8.38	7.21	6.42	5.85	5.42	5.09	4.82	4.60	4.42	4.27	4.14	4.03	3.93	3.85
11	24334	199.4	43.52	20.82	13.49	10.13	8.27	7.10	6.31	5.75	5.32	4.99	4.72	4.51	4.33	4.18	4.05	3.94	3.84	3.76
12	24426	199.4	43.39	20.70	13.38	10.03	8.18	7.01	6.23	5.66	5.24	4.91	4.64	4.43	4.25	4.10	3.97	3.86	3.76	3.68

习题答案与提示

第1章习题答案

习题 1-1

1. (1) 1; (2) 58; (3) 10; (4) 0; (5) 18;
   (6) $-4abcdef$; (7) 0; (8) -270; (9) 412.

2. 略.

3. (1) $x = -\dfrac{14}{3}, y = \dfrac{22}{3}$; (2) $x_1 = 1, x_2 = 2, x_3 = 7$;
   (3) $x_1 = 3, x_2 = 1, x_3 = -1$.

习题 1-2

1. (1) $\boldsymbol{A} = \begin{pmatrix} 10 & 14 & 20 \\ 12 & 10 & 22 \\ 8 & 12 & 18 \end{pmatrix}, \boldsymbol{A}^\mathrm{T} = \begin{pmatrix} 10 & 12 & 8 \\ 14 & 10 & 12 \\ 20 & 22 & 18 \end{pmatrix}$;

   (2) $0.5\boldsymbol{A} = \begin{pmatrix} 5 & 7 & 10 \\ 6 & 5 & 11 \\ 4 & 6 & 9 \end{pmatrix}$.

2. $x = -2, y = 4, z = -2$.

3. (1) $\begin{pmatrix} 1 & -2 & 5 \\ 3 & 2 & -1 \end{pmatrix}$; (2) $\begin{pmatrix} 1 & -6 & 10 \\ 10 & 11 & -7 \end{pmatrix}$; (3) $\begin{pmatrix} 5 & -6 & 20 \\ 8 & 1 & 1 \end{pmatrix}$;

   (4) $\begin{pmatrix} -10 & -2 & 24 \\ 1 & 1 & -17 \end{pmatrix}$.

4. (1) $\begin{pmatrix} 8 & -7 & -6 \\ -3 & 0 & -3 \\ 5 & -7 & -9 \end{pmatrix}$; (2) $\begin{pmatrix} -9 & 4 \\ 3 & 8 \end{pmatrix}$; (3) $\begin{pmatrix} 7 & 10 \\ 15 & 22 \end{pmatrix}$;

(4) $\begin{pmatrix} 0 & 0 \\ 0 & 0 \\ 0 & 0 \end{pmatrix}$;   (5) $\begin{pmatrix} 13 & 11 & -6 \\ -11 & 4 & 21 \end{pmatrix}$;   (6) 44;

(7) $\begin{pmatrix} 2 & 6 & 10 \\ 4 & 12 & 20 \\ 6 & 18 & 30 \end{pmatrix}$;   (8) $\begin{pmatrix} 1 & 0 & 0 \\ 0 & 8 & 0 \\ 0 & 0 & 27 \end{pmatrix}$;   (9) $\begin{pmatrix} 1 & n \\ 0 & 1 \end{pmatrix}$.

5. 略.

6. 略.

7. $A = \begin{pmatrix} 1 & 1 & 1 \\ 2 & -1 & 5 \\ 3 & 1 & -2 \end{pmatrix}, X = \begin{pmatrix} x_1 \\ x_2 \\ x_3 \end{pmatrix}, B = \begin{pmatrix} 3 \\ 6 \\ 2 \end{pmatrix}$.

8. (1) $\begin{pmatrix} -5 & 7 & -10 \\ 9 & 23 & 6 \\ 9 & 17 & 10 \end{pmatrix}$;   (2) 略.

9. $\begin{pmatrix} 5 & -1 & 12 \\ 3 & -7 & 8 \end{pmatrix}$.

10. $\begin{pmatrix} 175 & 230 & 180 & 145 \\ 325 & 420 & 360 & 285 \\ 155 & 200 & 160 & 135 \end{pmatrix}$.

习题 1-3

1. 略.

2. (1) $2, \begin{pmatrix} 1 & 0 \\ 0 & 1 \\ 0 & 0 \end{pmatrix}$;   (2) $3, \begin{pmatrix} 1 & 0 & 0 \\ 0 & 1 & 0 \\ 0 & 0 & 1 \end{pmatrix}$;   (3) $2, \begin{pmatrix} 1 & -1 & 0 \\ 0 & 0 & 1 \\ 0 & 0 & 0 \end{pmatrix}$;

(4) $2, \begin{pmatrix} 1 & 0 & 0 & 2 \\ 0 & 1 & -3 & -3 \\ 0 & 0 & 0 & 0 \end{pmatrix}$;   (5) $2, \begin{pmatrix} 1 & 0 & 2 & -1 \\ 0 & 1 & -1 & 2 \\ 0 & 0 & 0 & 0 \\ 0 & 0 & 0 & 0 \end{pmatrix}$.

习题 1-4

1. (1) $\begin{pmatrix} \dfrac{2}{5} & \dfrac{1}{5} \\ \dfrac{3}{10} & -\dfrac{1}{10} \end{pmatrix}$;   (2) $\begin{pmatrix} \dfrac{2}{3} & \dfrac{1}{9} \\ -\dfrac{1}{3} & \dfrac{1}{9} \end{pmatrix}$;   (3) $\begin{pmatrix} 1 & -2 & 1 \\ 0 & 1 & -2 \\ 0 & 0 & 1 \end{pmatrix}$;

（4）无逆矩阵； （5）$\begin{pmatrix} -6 & 2 & -1 \\ -7 & 2 & -1 \\ 2 & -1 & 1 \end{pmatrix}$； （6）$\begin{pmatrix} \frac{1}{3} & 0 & -\frac{1}{3} & 0 \\ 0 & \frac{1}{3} & 0 & -\frac{1}{3} \\ 0 & 0 & \frac{1}{3} & 0 \\ 0 & 0 & 0 & \frac{1}{3} \end{pmatrix}$.

2.（1）$x_1 = -21, x_2 = -8$； （2）$x_1 = 3, x_2 = 2, x_3 = -1$.

3. $\begin{cases} x_1 + x_2 + 2x_3 = 13, \\ 2x_1 + 3x_2 = 19, \\ x_1 + 3x_2 + 2x_3 = 23; \end{cases}$ $x_1 = 2, x_2 = 5, x_3 = 3$.

习题 1-5

1.（1）$x_1 = 3, x_2 = 1, x_3 = -1$；

（2）$x_1 = 3, x_2 = -1, x_3 = 2, x_4 = 1$；

（3）无解；

（4）$x_1 = \frac{2}{5} + \frac{3}{5}k_1, x_2 = -\frac{1}{5} + \frac{1}{5}k_1 + k_2, x_3 = k_1, x_4 = k_2$；

（5）无解；

（6）$x_1 = k, x_2 = 3k, x_3 = k$；

（7）$x_1 = x_2 = x_3 = 0$；

（8）$x_1 = \frac{13}{7} - \frac{3}{7}k_1 - \frac{13}{7}k_2, x_2 = -\frac{4}{7} + \frac{2}{7}k_1 + \frac{4}{7}k_2, x_3 = k_1, x_4 = k_2$.

2. 甲、乙、丙三种原料应分别取 30 kg、60 kg、10 kg.

复习题 1

1.（1）错； （2）对； （3）对； （4）错； （5）对； （6）错.

2.（1）$\begin{pmatrix} 3 & -7 & 5 \\ -2 & 5 & 6 \end{pmatrix}$； （2）$\begin{pmatrix} 8 & -17 & 9 \\ -4 & 15 & 15 \end{pmatrix}$； （3）$\begin{pmatrix} 8 & -2 \\ -7 & 9 \end{pmatrix}$.

3.（1）$\begin{pmatrix} 50 & -40 & -4 \\ -21 & 18 & 0 \\ 37 & -31 & -1 \end{pmatrix}$； （2）$\begin{pmatrix} -7 & -5 & 19 \\ 1 & 2 & 20 \end{pmatrix}$； （3）$\begin{pmatrix} 25 & -16 \\ 0 & 9 \end{pmatrix}$；

（4）-4； （5）$\begin{pmatrix} 11 & 22 & 55 \\ 3 & 6 & 15 \\ 1 & 2 & 5 \end{pmatrix}$； （6）$\begin{pmatrix} -4 & -19 \\ -5 & -36 \\ -16 & -69 \end{pmatrix}$.

4. (1) $\begin{pmatrix} \frac{3}{13} & -\frac{4}{13} \\ -\frac{2}{13} & \frac{7}{13} \end{pmatrix}$; (2) $\begin{pmatrix} 1 & 2 & -8 \\ 0 & 1 & -6 \\ 0 & 0 & 1 \end{pmatrix}$; (3) $\begin{pmatrix} -1 & -2 & 1 \\ 2 & 4 & -1 \\ 2 & 3 & -1 \end{pmatrix}$;

(4) $\begin{pmatrix} 22 & -6 & -26 & 17 \\ -17 & 5 & 20 & -13 \\ -1 & 0 & 2 & -1 \\ 4 & -1 & -5 & 3 \end{pmatrix}$.

5. (1) $x_1 = 2, x_2 = 5, x_3 = -3$;
   (2) $x_1 = 5, x_2 = 2, x_3 = -1, x_4 = 3$;
   (3) 无解;
   (4) $x_1 = 9 - 4k_1 - 9k_2, x_2 = -2 + k_1 + 2k_2, x_3 = k_1, x_4 = k_2$;
   (5) $x_1 = -6k, x_2 = -4k, x_3 = k, x_4 = k$;
   (6) $x_1 = -6k, x_2 = -k, x_3 = k$.

6. (1) -13; (2) 0; (3) -8; (4) $abcd$; (5) -60.

第 2 章习题答案

习 题 2-1

1. 该工厂工人的平均日产量为 43 件,中位数是 45 件,众数是 50 件.
2. 这 10 根钢管直径的极差为 0.4 cm,方差为 0.0156 cm^2,标准差为 0.1247 cm.
3. (1) 81.7; (2) 80.85; (3) 11.9; (4) $s^2 = 16.72$, $s = 4.089$.
4. 第一组的平均成绩和标准差为 $\bar{x} = 76.8, s = 9.9197$;
   第二组的平均成绩和标准差为 $\bar{x} = 77.6, s = 10.5746$.

习 题 2-2

1. 略.
2. (1) 频数分布表为

组区间	组中值	组频数(人)	频数密度
80~90	85	3	0.3
90~100	95	4	0.3
100~110	105	15	1.5
110~120	115	9	0.9
120~130	125	7	0.7
130~140	135	2	0.2

(2) 略; (3) 略.

3.(1)频率分布表为

组区间	组中值	组频数	组频率	频率密度
335~340	337.5	2	0.04	0.008
340~345	342.5	7	0.14	0.028
345~350	347.5	13	0.26	0.052
350~355	352.5	17	0.34	0.068
355~360	357.5	9	0.18	0.036
360~365	362.5	2	0.04	0.008

(2)略; (3)略.

复 习 题 2

1.(1)9.6375,0.0084;　　　　(2)9.6333,0.0027;

(3)第二种,因为第二种的方差较小.

2.12.6667%.

3. A 股:7.8,0.0707;B 股:7.8,0.8944.

B 股的股价波动大,从股票的操作上讲风险大,但有可能获利较大.

4.(1)0.2642,0.00039,0.0197;

(2)频率分布表为

组区间	组中值	组频数	组频率	频率密度
0.210~0.221	0.2155	2	0.02	1.82
0.221~0.232	0.2265	3	0.03	2.73
0.232~0.243	0.2375	7	0.07	6.36
0.243~0.254	0.2485	16	0.16	14.55
0.254~0.265	0.2595	22	0.22	20.00
0.265~0.276	0.2705	21	0.21	19.09
0.276~0.287	0.2815	17	0.17	15.45
0.287~0.298	0.2925	8	0.08	7.27
0.298~0.309	0.3035	3	0.03	2.73
0.309~0.320	0.3145	1	0.01	0.91

(3)略; (4)略.

第3章习题答案

习 题 3-1

1.8,$\Omega=\{HHH,HHT,HTH,THH,HTT,THT,TTH,TTT\}$.

2.9;$A=\{11,12,13\},B=\{12,22,32\},C=\{13,23,33,31,32\},D=\{11,12,13,21,$

22,23}.

3. (1) $\bar{A}$ 表示"正面向上次数大于2"或"三次均正面向上",$\bar{B}$ 表示"没有一次是正面向上的"或"三次均反面向上";

(2) $AB = \{HTT, THT, TTH, HHT, HTH, THH\}$, $A \cup B = \{HHH, HHT, HTH, THH, HTT, THT, TTH, TTT\}$.

4. (1) $A = A_1 A_2 A_3$;　(2) $B = \bar{A}_1 \cup \bar{A}_2 \cup \bar{A}_3$ 或 $\overline{A_1 A_2 A_3}$.

5. (1) $\bar{A} = \{$抽到的5件产品不都是正品$\} = \{$抽到的5件产品中至少有1件次品$\}$;

(2) $\bar{B} = \{$抽到的5件产品不都是次品$\} = \{$抽到的5件产品中至少有1件正品$\}$;

(3) $\bar{C} = \{$抽到的5件都是正品$\}$;

(4) $\bar{D} = \{$抽到的5件产品中没有次品或多于1件次品$\}$.

习 题 3 – 2

1. (1) $P(A) = \dfrac{1}{2}$;　　(2) $P(B) = \dfrac{1}{3}$.

2. (1) $P(A) = \dfrac{3}{8}$;　　(2) $P(B) = \dfrac{7}{8}$;　　(3) $P(C) = \dfrac{1}{4}$.

3. 60%, 40%.

4. (1) 36;　　(2) $\dfrac{1}{6}$.

5. (1) 0.8551;　　(2) 0.1399.

6. (1) $\dfrac{3}{10}$;　　(2) $\dfrac{1}{15}$.

7. (1) 0.985;　　(2) 0.015.

习 题 3 – 3

1. (1) $\dfrac{1}{221}$;　　(2) $\dfrac{16}{221}$.

2. (1) $\dfrac{1}{2}$;　　(2) $\dfrac{2}{3}$;　　(3) $\dfrac{1}{4}$.

3. (1) $\dfrac{1}{4}$;　　(2) $\dfrac{13}{24}$.

4. (1) 0.88;　　(2) 0.12.

5. (1) $P_{10}(1) = C_{10}^1 0.05 \cdot 0.95^9 = 0.3151$;

(2) $P_{10}(5) = C_{10}^5 0.05^5 \cdot 0.95^5 = 6.0935 \times 10^{-5}$;

(3) $P_{10}(10) = C_{10}^{10} 0.95^{10} = 0.5987$.

6. $P_5(4) + P_5(5) = C_5^4 0.8^4 \cdot 0.2 + C_5^5 0.8^5 = 0.7373$.

7. 按合格率为97%计算抽取的20件中恰有3件不合格的概率为

$$P_{20}(3) = C_{20}^3 0.03^3 \cdot 0.97^{17} = 0.0183.$$

概率值很小,但小概率事件居然发生了,说明该产品合格率是97%的可能性很小.

复习题 3

1. (1)对； (2)对； (3)错； (4)错；
   (5)错； (6)对； (7)错； (8)错.

2. (1) 500； (2) 必然； (3) 可能； (4) 黑球； (5) $\dfrac{3}{7}$；
   (6) $\dfrac{3}{4}$； (7) $\dfrac{2}{3}$； (8) 0.58； (9) 0.63； (10) 0.

3. (1)D； (2)B； (3)B； (4)B； (5)C；
   (6)B； (7)C； (8)D； (9)B； (10)B.

4. (1)随机事件； (2)随机事件； (3)不可能事件； (4)必然事件.

5. (1)(1,1),(1,2),(1,3),(1,4),(1,5),(1,6),(2,1),(2,2),(2,3),(2,4),
     (2,5),(2,6),(3,1),(3,2),(3,3),(3,4),(3,5),(3,6),(4,1),(4,2),
     (4,3),(4,4),(4,5),(4,6),(5,1),(5,2),(5,3),(5,4),(5,5),(5,6),
     (6,1),(6,2),(6,3),(6,4),(6,5),(6,6)；
   (2)36；
   (3)(3,6),(4,5),(4,6),(5,4),(5,5),(5,6),(6,3),(6,4),(6,5),(6,6)；
   (4)(1,1),(2,2),(3,3),(4,4),(5,5),(6,6).

6. (1)0.981； (2)约 102 kg.

7. 0.43.

8. (1)0.75； (2)0.15.

9. (1)8；红红红,红红黑,红黑红,黑红红,红黑黑,黑红黑,黑黑红,黑黑黑.
   (2) $\dfrac{3}{8}$.

10. (1) $\dfrac{1}{3}$； (2) $\dfrac{1}{3}$； (3) $\dfrac{1}{3}$.

11. $1 - P_{400}(0) - P_{400}(1) = 1 - C_{400}^0 0.98^{400} - C_{400}^1 0.02 \cdot 0.98^{399} = 0.9972.$

第4章习题答案

习题 4-1

1. (1) 否； (2) 是； (3) 否.

2. $P\{X=i\} = \dfrac{1}{6}$ $(i=1,2,3,4,5,6)$ 或

X	1	2	3	4	5	6
P	$\dfrac{1}{6}$	$\dfrac{1}{6}$	$\dfrac{1}{6}$	$\dfrac{1}{6}$	$\dfrac{1}{6}$	$\dfrac{1}{6}$

$P\{X>1\} = \dfrac{5}{6}$, $P\{2<X<5\} = \dfrac{1}{3}$.

3. $P\{X=i\} = \dfrac{C_2^i C_{13}^{3-i}}{C_{15}^3}$ $(i=0,1,2)$ 或

X	0	1	2
P	$\dfrac{22}{35}$	$\dfrac{12}{35}$	$\dfrac{1}{35}$

4. (1) 0.25； (2) 0.85； (3) 0.95.

5. 15个人中得病的人数服从参数为 15,0.20 的二项分布，$P\{X=0\}=0.035$；这说明，若药无效，则15人都不得病的可能性只有3.5%，这个概率很小，在实际上不大可能发生，所以可以认为该药有效.

6. 分布列为 $P\{X=k\} = C_{10}^k 0.05^k \cdot 0.95^{10-k}$ $(k=0,1,2,\cdots,10)$；退货率约为9%.

习题 4-2

1. (1) $\dfrac{1}{6}$； (2) $\dfrac{2}{3}$.

2. (1) $f(x) = \begin{cases} \dfrac{1}{10}, & 0 \leq x \leq 10; \\ 0, & \text{其他.} \end{cases}$ (2) 0.3, 0.4, 0.5.

3. (1) 0.7257； (2) 0.2743； (3) 0.9010； (4) 0.4125.

4. (1) $\Phi(1.2) - \Phi(0) = 0.3849$； (2) $\Phi(1.38) - 0.5 = 0.4162$；
   (3) $\Phi(0.68) = 0.7517$； (4) $\Phi(2.21) + \Phi(0.46) - 1 = 0.6636$.

5. (1) 0.5328； (2) 0.9332； (3) 0.2384.

6. 3066.

7. 0.9544.

习 题 4-3

1. $\dfrac{1}{3}, -\dfrac{1}{3}, \dfrac{8}{3}$.

2. 5.28 元.

3. (1) $\dfrac{2}{3}$; (2) $\dfrac{1}{18}$; (3) $\dfrac{1}{2}$.

4. (1) $P\{X=k\} = C_{20}^{k} \cdot 0.95^{k} \cdot 0.05^{20-k} (k=0,1,2,\cdots,20)$; (2) 19, 0.95.

复 习 题 4

1. (1) $P\{X=k\} = 0.9 \times 0.1^{k-1} (k=1,2,\cdots)$; (2) $\dfrac{1}{5}$;

   (3) $C_{3}^{2}C_{97}^{3}/C_{100}^{5}$, $1 - C_{97}^{5}/C_{100}^{5}$, $1 - C_{3}^{3}C_{97}^{2}/C_{100}^{5}$; (4) $p_k \geq 0$, $\sum\limits_{k} p_k = 1$;

   (5) $f(x) \geq 0$, $\int_{-\infty}^{+\infty} f(x)\mathrm{d}x = 1$; (6) $\dfrac{3}{2}$;

   (7) $1 - \Phi(1), 1 - \Phi(3), \Phi(1.5) + \Phi(1) - 1$; (8) $F(x) = P\{X \leq x\}$;

   (9) $E(X^2) - [E(X)]^2$; (10) 3.2, 1.96, 14, 49;

   (11) $\dfrac{9}{2}, \dfrac{25}{12}$; (12) 0.5, 0.45.

2. (1) D; (2) A; (3) C; (4) B; (5) B; (6) C.

3. (1)

X	2	3	4	5	6	7	8	9	10	11	12
P	$\dfrac{1}{36}$	$\dfrac{1}{18}$	$\dfrac{1}{12}$	$\dfrac{1}{9}$	$\dfrac{5}{36}$	$\dfrac{1}{6}$	$\dfrac{5}{36}$	$\dfrac{1}{9}$	$\dfrac{1}{12}$	$\dfrac{1}{18}$	$\dfrac{1}{36}$

(2) $\dfrac{11}{12}$.

4. (1)

X	1	2	3	$\cdots$	k	$\cdots$
P	$\dfrac{3}{5}$	$\dfrac{2}{5} \times \dfrac{3}{5}$	$\left(\dfrac{2}{5}\right)^2 \times \dfrac{3}{5}$	$\cdots$	$\left(\dfrac{2}{5}\right)^{k-1} \times \dfrac{3}{5}$	$\cdots$

(2)

X	1	2	3
P	$\dfrac{3}{5}$	$\dfrac{3}{10}$	$\dfrac{1}{10}$

5. $P\{X=k\} = C_{10}^k 0.5^k \cdot 0.5^{10-k}(k=0,1,2,\cdots,10)$；$P\{X\leq 2\} = 0.0547$.

6. (1) $\dfrac{3}{8}$；　(2) $\dfrac{1}{2}$；　(3) $\dfrac{1}{2}$.

7. (1) $f(x) = \begin{cases} \dfrac{1}{8}, & 0\leq x\leq 8; \\ 0, & 其他. \end{cases}$　(2) $\dfrac{3}{8}$.　(3) $\dfrac{5}{8}, \dfrac{3}{8}$.

8. $e^{-\frac{1}{2}}$.

9. 69.15%.

10. (1) 0.4376；　(2) 21.845；　(3) 12.49.

11. (1) 7%；　(2) 15.9%.

12. 1.2 元, 1.8 元.

13. $\dfrac{1}{12}\pi(b^2+ab+a^2)$.

第 5 章习题答案

习题 5-1

1. (2) 和 (3) 是统计量, (1) 和 (4) 不是统计量.

2. $\bar{x}=14.89, s^2=0.041$.

3. (1) 3.940；　(2) 11.071；　(3) 14.953；　(4) 37.566.

4. (1) 4.53；　(2) 5.89；　(3) 4.71.

5. (1) 1.3722；　(2) 2.6025；　(3) 2.5706；　(4) 2.8453.

6. (1) 2.9467；　(2) 1.9432.

习题 5-2

1. $\hat{\mu}=1139, \hat{\sigma}^2=7276.7$.

2. $\hat{\mu}=126.2, \hat{\sigma}=3.4577$.

3. (5.608, 6.392).

4. (1) (760.52, 839.48)；　(2) (752.96, 847.04).

5. (350.33, 387.67).

6. (0.0038, 0.027).

7. (500.4452, 507.0548), (20.991, 92.1431).

习题 5-3

1. (1) 图略, $r = 0.9719$;

(2) 水稻产量 y 与施化肥量 x 之间有正线性相关关系, 线性回归方程为 $\hat{y} = 256.7857 + 4.75x$.

2. (1) 图略, $r = -0.8627$;

(2) 年需求量 y 与价格 x 之间有负线性相关关系, 线性回归方程为 $\hat{y} = 4.4951 - 0.8259x$.

3. (1) 图略, $r = 0.9879$;

(2) 利润率 y 与月平均销售额 x 之间有正线性相关关系, 线性回归方程为 $\hat{y} = -0.42 + 2.3x$.

4. (1) 图略, $r = 0.9992$;

(2) 人均消费 y 与人均收入 x 之间有正线性相关关系, 线性回归方程为 $\hat{y} = 77.7033 + 0.7602x$.

5. (1) 图略, $r = 0.9862$;

(2) 儿子身高 y 与父亲身高 x 之间有正线性相关关系, 线性回归方程为 $\hat{y} = 0.9697 + 0.4321x$;

(3) $F = 283.4842 > F_{0.01}(1,8) = 11.26$, 所以 y 与 x 有线性相关关系, 回归效果显著, 即 $\hat{y} = 0.9697 + 0.4321x$ 是有效的.

复习题 5

1. (1) 0.6844; (2) 0.9948; (3) 3.571; (4) 2.180; (5) 21.026;
   (6) 34.170; (7) 4.96; (8) 6.36; (9) 1.7247; (10) 2.6810.

2. (1) $\bar{x} = \dfrac{\sum\limits_{i=1}^{k} m_i x_i}{\sum\limits_{i=1}^{k} m_i} = \dfrac{\sum\limits_{i=1}^{k} m_i x_i}{n}, s^2 = \dfrac{1}{n-1} \sum\limits_{i=1}^{k} m_i (x_i - \bar{x})^2$.

(2) $\bar{x} = 0.94, s^2 = 1.4861$.

3. $\hat{\mu} = 153.5, \hat{\sigma}^2 = 182.3276$.

4. $(16.415, 20.785)$.

5. $(13.3347, 14.2653), (1.5332, 3.6848)$.

6. (1) $\hat{\mu} = 118.25, \hat{\sigma} = 13.1239$;

(2) $(108.8615, 127.6384), (81.4872, 574.1225)$.

7. (1) 图略, $r = 0.9535$;

(2)身高和腿长之间有正线性相关关系,线性回归方程为 $\hat{y} = -1.6725 + 0.6287x$.

8. (1)图略, $r = 0.9869$;

(2)食品支出 y 与家庭收入 x 之间有正线性相关关系,线性回归方程为 $\hat{y} = 40.1802 + 0.5356x$.

9. (1)图略, $r = 0.9909$;

(2)价格 p 与供给量 x 之间有正线性相关关系,线性回归方程为 $\hat{p} = 2.9288 + 0.1095x$.

10. (1)图略,从散点图可以看出:销售额 y 与顾客知悉率 x 之间有线性相关关系,线性回归方程为 $\hat{y} = 8.9677 + 1.2052x$;

(2)图略,从散点图可以看出:顾客知悉率 y 与广告费 x 之间有线性相关关系,线性回归方程为 $\hat{y} = 9.2429 + 24.8289x$.

第6章习题答案

习题 6-1

1. (1) $\begin{pmatrix} 11 & 16 & 28 \\ -6 & 9 & 23 \end{pmatrix}$; (2) $\begin{pmatrix} 10 & 4 & 5 \\ 4 & -3 & 3 \end{pmatrix}$.

2. (1) $r(A) = 3, \det(A) = -1$; (2) $A^{-1} = \begin{pmatrix} 1 & 1 & 3 \\ 2 & 3 & 7 \\ 3 & 4 & 9 \end{pmatrix}$.

3. $x_1 = 1.8571 - 0.4286k_1 - 1.8571k_2, x_2 = -0.5714 + 0.2857k_1 + 0.5714k_2, x_3 = k_1, x_4 = k_2$.

习题 6-2

1. (1) 0.1029; (2) 3, 2.1.

2. (1) 图略; (2) 0.2108, 0.9902.

3. (1) 1.96, 2.3263; (2) 37.5662, 3.9403;
   (3) 6.9646, 1.7247; (4) 3.3258, 2.3072.

习题 6-3

1. (1) 153.5, 182.3276; (2) 图略;

(3)$(148.4579, 158.5421)$,$(115.6438, 329.4994)$.

2. (1) 图略,$r = 0.9535$;

(2) 她们的身高和腿长之间有线性相关关系,线性回归方程为 $\hat{y} = -1.6754 + 0.6287x$,并且 $F = 100.0022 > F_{0.05}(1,10) = 4.9646$,所以回归方程是有效的.

参 考 文 献

[1] 顾静相.经济数学基础(下册).3版.北京:高等教育出版社,2008.
[2] 闫杰生.经济数学基础(2).郑州:河南大学出版社,2014.
[3] 金炳陶.概率论与数理统计.3版.北京:高等教育出版社,2011.
[4] 吴赣昌.概率论与数理统计(经管类).4版.北京:中国人民大学出版社,2011.
[5] 费伟劲.高等数学与经济数学.上海:立信会计出版社,2006.
[6] 严忠,肖彰仁,岳朝龙.概率论与数理统计新编.合肥:中国科学技术大学出版社,2003.
[7] 费浦生,羿旭明.数学建模及其基础知识详解.武汉:武汉大学出版社,2006.
[8] 邓俊谦.工科高等数学.2版.上海:华东师范大学出版社,2014.